让 我 们 一 起 追 寻

石山本愿寺之战

织田信长　　　与　　　显如　　　的　　　十年战争

織田信長　石山本願寺合戦全史――顕如と寺合戦全史の十年戦争の真実

［日］武田镜村　著

康昊　译

社会科学文献出版社

SOCIAL SCIENCES ACADEMIC PRESS (CHINA)

序

关于织田信长与石山本愿寺长达十年的对战，目前学界还没有从信长"天下布武"的战略视角予以充分的考察。

因此，与石山本愿寺一同起兵的伊势长岛、越前及加贺的"一向一揆"，被视作阻碍信长一统天下的绊脚石，在战国史的叙述中不过是一个插曲而已。

然而，在战国时代波澜的底层，事实上是以本愿寺为中心的中世信仰及支撑着信仰的民众的经济力量与那些想用武力制伏他们的战国大名之间的激烈对抗。

当然，虽然战国大名们为了扩大领地而反复征战，但他们也同样试图征服那些不受领地束缚的民众集团，也就是主宰交通、贸易活动的人们，以及依靠生产技术和技能生存的人们。

他们不受土地之束缚，不在领主的支配之下，从这个意义上讲，他们生活在"体制外"，是"自由民"。他们中的多数被社会视为恶人，而净土真宗祖师亲鸾的教义正是"恶人才是得救的对象"，因而这样的教义成为他们的生活支柱。

这些人信仰的中心就是石山本愿寺，以及继承了亲鸾血脉的第十一代宗主显如。

在信长的征服过程中，本愿寺及各地的净土真宗信徒是巨大的障碍。信长一面试图将他们剿灭，一面又意图控制他们手下的贸易、技术及经济。

面对这样的局势，本愿寺的显如命令各地信徒起兵，与武田信玄、浅井长政、朝仓义景、毛利辉元、足利义昭等构筑"反信长战线"，与信长对抗到底。

这就是长达十年的石山本愿寺之战。

本书是从石山本愿寺的角度来观察此战全貌的第一本专著。通过这样的视角，我们当然能够看到他们与信长这场壮烈对战的实况，也能了解净土真宗本愿寺信徒的真实状况，特别是战斗主体"杂贺众"的真相也将浮出水面。

此外，主宰净土真宗的本愿寺宗主显如的信仰状况及其变化也将变得明确起来。

石山本愿寺之战对日本中世至战国时代，乃至近世，都起到了至关重要的决定性作用。

在日本历史上，这场战争也是少有的民众力量及信仰光芒的闪耀瞬间。我深信，观察石山本愿寺之战，将为战国时代历史的考察提供帮助。

最后，我在此对大阪的北口荣一先生表示感谢，他在本书写作过程中的取材和史料收集方面给予我很大帮助。

2002 年　初冬

武田镜村

目　录

第一章　前哨战

——石山本愿寺起兵的背景

信长上洛以来给本愿寺造成诸多麻烦。前年以来，面对诸多难题，我们虽然尽全力服从信长，却仍毫无办法。最终他们还是通知我们说，要将其破坏。对此已经无能为力了。

（元龟元年九月六日显如致近江中郡书信，《明照寺文书》）

令人惊讶的本愿寺起兵

元龟元年（1570）九月十二日深夜，石山本愿寺的早钟被激烈地撞击着。

告急的早钟之声，接连向以石山本愿寺为中心的摄津（今大阪府、兵库县的一部分）、河内（今大阪府下的南、中、北河内三部分）一带的寺内町①和道场传播，进而传到和泉（今大阪府南部）、大和（今奈良县）和纪州（今和歌山县）。

早钟是在紧急情况下用来传递信息，召集寺院僧众和信徒的。听到早钟的信徒，很快就集结在本愿寺巨大的伽蓝之内。

在这些信徒当中，有不少是前日还作为将军足利义昭一方，在织田信长的指挥下与三好三人众鏖战的纪州杂贺、汤川的信徒。他们都是在"将军亲征"的号令下聚集起来的，不过与其说是在将军的麾下，不如说他们是在本愿寺第十一代宗主显如（光佐）的指令下行动的。

本愿寺僧众的火绳枪朝着与石山近在咫尺的楼之岸要塞和川口要塞开火。楼之岸要塞由织田信长的部将稻叶良

---

① 下一节有介绍，指中世末期，净土真宗本愿寺的寺院境内所构成的发达聚落。本书所有脚注均为译者注，后文不再特别说明。

显如（光佐）画像（愿泉寺藏）

通、中川重政等驻守，川口要塞则由平手监物、丹羽源六、佐佐成政等守卫，他们此刻正在与眼前据守野田要塞和福岛要塞的三好三人众约一万三千人的部队对战。

本愿寺僧众朝楼之岸要塞和川口要塞开火，显然是意在向天下表明，本愿寺已公然与将军和信长敌对。

信长军所攻击的三好三人众，是指在阿波、摄津、和泉一带具有势力的三好长逸、三好政康、石成友通。根据以三好三人众一方的视角而写成的史料《细川两家记》，当时有传闻说，三好一方的野田要塞和福岛要塞一旦被攻下，信长方就会进攻石山本愿寺。

因此在本愿寺一方里，这样的意见占了上风：应当在野田、福岛两要塞的三好军还在奋力抵抗之时，向信长发起挑战。于是，九月十二日深夜，传递起兵消息的早钟被敲响，立刻就有大量信徒集合了。

本愿寺的起兵使得"信长一方大惊"，《细长两家记》这样记载了遭遇突然袭击的信长一方的震惊。然而，信长一方的记录却显得非常冷静：

> 虽遭遇叛乱，但并无大碍。（《信长公记》卷三）

信长一方是否已经预料到了本愿寺的起兵呢？或者他们认为，本愿寺的起兵根本构不成大的威胁？其实在事情背后，信长一方认为：

> 若攻克野田、福岛，大坂① （石山本愿寺）的灭亡也为期不远。（《信长公记》卷三）

信长方将三好三人众所据守要塞的陷落与本愿寺的灭亡视为连续相关的事件。换言之，进攻本愿寺原本就被视

---

① "大坂"是"大阪"的古称，明治以后改为"大阪"。

作讨伐三好三人众之战的一部分。因此本愿寺的起兵，也是信长一方已经预见到的事。

织田信长在两年前开始勒索、恐吓本愿寺，此刻终于付诸直接行动，本愿寺这才下定了起兵的决心。

这就是持续十年的"石山本愿寺之战"的序幕。

寺内町的特权与中世①的自由民

本愿寺起兵两年前的永禄十一年（1568）九月，织田信长拥立足利义昭进入京都。十月，信长向本愿寺征收军费五千贯（相当于一万石米），并向堺征收军费两万贯（相当于四万石米）。这笔军费是以复兴足利将军家为名征收的。

本愿寺很快就把钱交了上去。当然，这与摄津、河内地区的寺内町遭到了信长军的压制和破坏不无关系。

所谓寺内町，就是以真宗（一向宗）寺院为中心形成的宗教聚落，本愿寺在这里享有"寺内特权"。本愿寺向领主要求的特权，就是寺内安全的保障、各种课役杂税的免除、"德政"②免除，等等。通过这些"寺内特权"，

---

① 指日本的院政时期至战国晚期（约 11 世纪末至 16 世纪）。

② 所谓德政，在中世一般指"恢复原有状态"，主要包括寺社及大庄园主领地的恢复（譬如强制赎回已卖出的土地）、债务关系的强制解除，等等。

石山本愿寺之战

本愿寺得以独立于外部的政治势力，成为一个相对独立的地域空间。

与石山本愿寺的所在地一样，多数的寺内町也紧邻河川和港口。因此，生活在寺内町的大多是依靠河川和海洋生存的工匠、商人、交通运输业从业者和艺人等。他们既不受领主的人身支配，也不受旧佛教①的支配，他们就是所谓的"中世的自由民"。

富田、久宝寺、招提、贝塚、富田林、大塚、大伴、鹤原、八尾等——现在，我们也能大致追忆寺内町的景象。

织田信长自尾张（今爱知县西半部）出征，征服美浓（今岐阜县南部）、伊势（今三重县大部分），但最终未能成功支配的，其实就是本愿寺信徒的势力范围。后一章还会讲到，为响应本愿寺的起兵，伊势长岛曾三次结成宗教一揆②，反抗信长。妨碍织田信长一统天下的，其实就是这些以念佛信仰为精神支柱的"中世的自由民"——本愿寺的信徒们。

织田信长在实现对各地的领主、大名的掌控之时，也对本愿寺信徒控制的地域和财力垂涎不已。织田信长在从

---

① 指平安时代开始形成的八宗正统佛教，又称作显密佛教，他们与高层政治权力的结合更紧密，并在全国范围内有大量庄园。而本愿寺的净土真宗则被称作新佛教。

② 所谓一揆，就是一群人同心协力为某个目标结成的集团，以一向宗僧侣及信徒为中心结成的一揆就是一向一揆。

建于清洲城城址上的织田信长铜像

京都挺进摄津、河内、和泉之时，向河川等交通要道上的寺内町征收军费，对拒交军费的寺内町则加以破坏。这当然有军事上的目的，但刚才提到的经济目的才是首要的原因。

　　在淀川附近摄津高槻的富田，有以教行寺为中心的寺内町。然而因为拒交军费，富田寺寺外遭到了信长军的破坏。于是寺内町的居民重新交了军费，寺内总算幸免于难（《言继卿记》永禄十一年九月三十日条）。

　　此外，也是因为拒交军费，茨木的郡山道场被破坏，因而郡山重新开始交纳军费（《细川两家记》）。

看到织田信长如此强硬地压迫和破坏畿内①的寺内町，本愿寺早早交纳了五千贯军费，意图避免与织田信长对立，维护既有的寺内特权。

与之相反的是，处于大商人的会合众②治下，与寺内町一样保持着自治体制的堺，拒绝了织田信长提出的交纳两万贯军费的要求，反而和三好三人众结盟了。会合众招募雇佣兵，在堺的周围深挖壕沟，高筑望楼，加强都市的武装守备，明确表现出对抗信长的姿态。

然而，次年正月，三好三人众之一的三好政康试图在京都本圀寺袭击足利义昭失败，织田信长借此机会将大军开向堺。在巨大的压力之下，堺终于屈服。从此以后，堺成为织田信长在政治、经济上的管辖地。

这时，信长又发兵摄津尼崎，强征军费遭拒，遂将尼崎尽数烧毁（《细川两家记》）。

已经上交了军费的本愿寺显如，为了窥探织田信长的意思，在永禄十二年正月到十三年正月，给织田信长送了贺年信，还找机会向信长赠送了金襕、马和太刀作为礼物。

---

① 指京都及周边的山城、大和、河内、摄津、和泉。
② 自治都市的评议组织，相当于商会。

除此之外，他还专门写了封表明"绝不与三好三人众合作"的书信：

> 双方绝对不存在任何合作的关系。（《显如上人文案》永禄十二年十一月二十日）

这封说明本愿寺保持中立的书信，通过明智光秀，送到了将军足利义昭那里。

然而织田信长认为，本愿寺的这些表态无非是表面功夫。此时在街头巷尾都有传言称，本愿寺在四国阿波、赞岐的信徒与三好三人众有关系，并且，这还体现了本愿寺的意向。

还有近江（今滋贺县）江北十寺的信徒，也被认为与六角承祯、浅井长政有往来，暗地里对信长抱有敌意。

在石山本愿寺附近布阵的三好三人众

本愿寺起兵的两个半月以前的六月二十八日，织田信长在北近江击败浅井长政和越前（今福井县北部）朝仓义景的联军，取得了姊川之战的胜利。

一个月后的七月二十七日，三好三人众麾下一万三千人的部队，从阿波（今德岛县）出发，经过淡路岛，在和泉（今大阪府南部）登陆，并在石山本愿寺附近的中岛、天满森林布阵，伺机进攻京都。

这时候赞岐（今香川县）的十河氏势力、纪州的杂贺（铃木）孙市也加入进来（《细川两家记》）。之后这位杂贺众①铃木孙市会在石山本愿寺之战中非常活跃。此时他之所以加入三好一方，是因为纪州的杂贺众经淡路岛，与四国的阿波、赞岐等地有海运往来，与纪州、阿波、赞岐的本愿寺信徒也有密切的联系。

到了八月，三好三人众向织田信长一方的摄津伊丹城的伊丹亲兴、河内古桥城的三好义继发起了攻击。他们的意图是把摄津、河内被信长占据的失地夺回来，再进一步谋求控制京都。

三好三人众暗中所仰仗的力量，正是本愿寺。

> 信长方面也向大坂（本愿寺）提出了很多难题。传闻他们也与阿州（阿波）有密谈。（《细川两家记》）

传闻说，被信长施加了种种"难题"的本愿寺，秘密地与阿波的三好三人众往来，寻求他们的帮助。

在中岛和天满森林布阵的三好三人众部队，在淀川河

---

① 纪伊的一支武装力量，以擅长火绳枪闻名。

口附近的野田、福岛构筑了要塞。如果从战略地形来看，要塞正好相当于本愿寺的"支城"①。这简直就是为了在织田信长攻击之时，让本愿寺不得不参战而采取的布阵方式。

知晓了三好三人众的动态的信长，于八月二十日从岐阜出发，经过横山城，进入了京都的本能寺。横山城正与北近江浅井长政的小谷城对峙。

织田信长请求将军足利义昭亲自出马，但是足利义昭在正月被剥夺了治理天下的命令权：

> 天下大事，都听凭信长的意思。（中略）并不需要将军的同意。（《成簣堂文库》）

因此，他并不情愿出战，但是在信长强硬的催促下，他还是于二十五日渡过了淀川，到达了枚方的寺内。

《信长公记》（卷三）这样记载：

> 二十五日，将军移驾南方，过了淀川，在枚方的寺内扎营。

由此可知，在枚方也有寺内町。

———————

① 防卫主城的军事设施。

寺内町的信徒和"白犬众"

枚方有座顺兴寺，本愿寺第八代宗主莲如的末子实从的晚年是在那儿度过的。

在《信长公记》里出现了"寺内"这个词，说明顺兴寺周围也形成了寺内町。不过这个寺内町已经在信长的威压面前屈服了。

在距离枚方不远的招提，莲如的第十三个儿子莲淳曾在这里建立了道场（即后来的敬应寺），以此为中心，形成了享有"守护不入"①特权的寺内町。

织田信长告知招提寺内町，本愿寺在下间赖总的唆使之下造反了，招提寺内町表态绝不支持下间氏：

寺内町的状况，与往常无半点变化。（《枚方市史》第六卷）

于是信长下发了认可其"寺内特权"的朱印状。朱印状的日期是元龟元年（1570）九月，因此可以看出，在石山本愿寺起兵前后，招提寺内町依然屈服于信长。

---

① 即守护的使者不能进入此地收取租税、逮捕犯人。

另外，与招提的敬应寺同样由莲淳创建的位于近江大津的近松显证寺，也在九月获得了织田信长下发的保障寺内诸事的朱印状。同为莲淳担任住持的以河内八尾显证寺为中心的久宝寺的寺内町可能也在信长面前屈服了。

可以说莲淳所创建的招提敬应寺、近松显证寺、八尾显证寺，都很早地屈从于信长了。因此它们之前的"寺内特权"也获得了信长的承认，并受到了信长较好的保护。

另外，八尾久宝寺寺内町的地方豪族安井氏，最初是支撑显证寺的寺内町骨干信徒，后来也追随信长参加了本愿寺之战。

根据《安井氏系图》（大阪市立博物馆藏）的记录，天正五年（1577），安井定重作为信长的部下与本愿寺发生激战，最终在久宝寺村战死。

这些寺内町虽然以本愿寺为"本山"①，却因地理上、经济上的种种原因早早就成为信长的协助者，有的也与本愿寺作战。但是，这些寺内町的信徒当中，很多人内心其实还是向着本愿寺的。他们射箭的时候把箭头拔了，开枪的时候不装子弹，也就是在表面上做做打仗的样子

---

① 一个宗派的高层领导寺院称为"本山"，其下从属寺院为"末寺"，二者之间叫作"本末关系"。

而已。

这些人在暗中被叫作"白犬众"。"白犬众"其实是谐音①，就是不向城里射箭的意思。也就是说，他们并不是真心想和本愿寺开战的，因而才被取了这么个名字（《老士语录》）。

信长一方的布阵意图

在枚方的寺内町布阵第二天的二十六日，信长进军到天王寺，并在那里布阵。前锋被部署于天满、川口、渡边、神崎、难波，好像要把三好三人众据守的野田、福岛两个要塞包围起来一样。

此时本愿寺被钳制在信长的大营天王寺和前锋之间。而且对准野田、福岛的枪口一旦调转，本愿寺就处于被信长军大营夹击的位置。

本愿寺看到眼前这样露骨的信长一方的布阵，自然是受到了很大的冲击。二十八岁的宗主显如，以及辅佐宗主的坊官下间赖资（正秀）、下间赖康、下间仲之，也就是所谓的"下间三家老"，当然也因势态紧急而忧虑不已。

---

① "白犬"的日语读音和"城射ぬ"（不向城里射箭）相同。

　　更严峻的是，将军足利义昭此时也亲自出马了。既然是"将军亲征"，信长的军事行动也就带有了正当性。这样一来，本愿寺即便是因为不满信长的暴虐而起兵，也很可能被当作针对将军的造反。本愿寺的焦虑愈发加深。

　　将军足利义昭未能拒绝信长的参战要求，亲率两千兵力，于三十日从京都出发，九月三日进入了细川藤贤的中岛城。中岛城与石山本愿寺就近在咫尺了。

　　在"将军亲征"的名义下召集起来的，有纪州根来寺①的僧兵五千人，以及杂贺众、汤川众等。他们大约有两万人，带有三千支火绳枪（《信长公记》卷三）。纪州军在远野小里、住吉、天王寺一带布阵，加入到对三好三人众的包围之中。

　　信长一方的总人数，加上两万纪州军，据说有五万到六万。因将军驾到，士气高涨。八日，已投向信长一方的三好义继和松永久秀进攻海老江，在紧邻野口要塞和福岛要塞的楼之岸和川口构筑了要塞。

　　野田、福岛要塞都位于淀川河口，周围是湿地。朝此处进攻的信长一方开始征收干草，填埋要塞附近的沟渠。这样，织田信长封锁住三好三人众，并在第二天即九日将大营从天王寺前移到了天满森林。

---

　　① 今和歌山县内的寺院，在战国时代是一股强大的地方势力。

信长一方在楼之岸要塞和川口要塞建造望楼，用大铁炮朝着野田要塞和福岛要塞的土墙和望楼射击。他们一面破坏要塞，一面让以纪州军为中心的三千支火绳枪猛烈攻击。双方激烈交火：

简直是震天动地。（《信长公记》卷三）

战况激烈，然而当被重重包围又遭受猛烈攻击的三好三人众眼见取胜无望，想要求和之时，信长却不予理会，并不延缓攻势，下令道：

应将其一网打尽。（同上）

十二日，将军足利义昭将大营移到海老江，信长也一同将营帐迁移至此。野田、福岛要塞的陷落，如今已不可避免。

于是这天晚上，本愿寺起兵了。

石山寺内町的构成与行业

石山本愿寺以御影堂、阿弥陀堂为中心，内有宗主及其同族居住的"御坊"，周围则分布着主要"坊主"和叫作"内众"的家臣们的住宅。

这是本愿寺的寺院范围，在寺院之外，周边还分布着东町、西町、南町（南町屋）、北町（北町屋）、清水町、新屋敷六个町，以及桧物屋町、青屋町两个附属的町，这些共同组成了"寺内町"。

"御坊"和寺内町的八个町各自的位置是什么关系，众说纷纭，难以确定。根据本愿寺第十代宗主证如历时十九年写成的日记《天文日记》（又名《证如上人日记》《石山本愿寺日记》）推测，寺内町的房屋足足有一千五百间到两千间以上。

据江户时代中期的天正四年（1576）的《石山合战配阵图》（大阪城天守阁收藏）记载：

石山本愿寺当时有信徒四万人固守。

这样看来，至少里面有足够让四万人生活的空间。

此外本愿寺从加贺招募了筑城工匠，"御坊"周围修筑了沟壑和望楼，寺内町外部也建造了沟渠和土墙，还有瞭望楼，因而从外观上看简直就是一个城郭。

守卫"御坊"的人是轮班守备队。"御坊"的轮班守备人员包括御堂轮班、御堂两人轮班、寝殿轮班、亭轮班、堂轮班、库房轮班等。

这些轮班守备队，是从各地的信徒中挑选来大坂的，在《天文日记》中，能看到从纪伊、伊势、加贺、尾张、上野筱田、山科、大坂等地来的轮班人员。另外在刚才的《石山合战配阵图》里，我们发现生玉庄附近布阵的有"各地信徒"，可见这些人是从全国各地来的。

石山寺内町里还居住着铁匠、刀匠、卖墨商人、箍桶匠、漆工、卖竹商人、卖油商人、医生、药剂师、陶器师傅、建筑工匠、佛具师傅、贩卖食品的商人等各行各业的人和他们的家人，还有买卖生活必需品的商人，以及远到越后、加贺、越前等地进行贸易的商人和运输业从业者。

寺内町的居民们被"寺内特权"保护着，也就是免受领主武力介入的"守护不入"特权、免受"德政令"影响的特权、免除苛捐杂役的特权。

当然从另一方面讲，他们又需要承担本愿寺的种种事务，譬如协助本愿寺的修建工程，承担本愿寺举办斋会和报恩讲等活动的费用。再者，他们还需要参与町的守备，参加沟渠、土墙等防御工事的修建工作（水藤真，《大阪寺内町的每天》，《国立历史民族博物馆研究报告》第三十九集）。

参加将军亲征的杂贺众

治理着信仰空间"御坊"和居民生活空间"寺内町"

的本愿寺首脑们，眼看着信长军在本愿寺所在的上町台地摆开阵势，就好像扼住本愿寺咽喉的利刃一般。他们此时的战战兢兢可想而知。

现在这把利刃正对着三好三人众所据守的野田要塞和福岛要塞，然而，它何时会转向本愿寺，尚未可知。

九月三日将军足利义昭进入中岛城，两天后，也就是九月五日，显如向纪州的信徒送去了书信。

显如于八月二十八日通过常乐寺证贤，召集纪州的信徒到大坂来会合，然而毫无回音。显如在信中对此大加责备：

> 本愿寺的情况越来越困难，若速速赶来大坂，实在喜悦至极。（《本愿寺文书》）

显如迫切告知他们本愿寺的危急状况，恳求他们赶来石山。纪州信徒包括了杂贺众和汤川众，他们此时听了"将军亲征"的号令，于九月四日出兵至天王寺，作为将军一方，成了织田信长的友军。

了解到这一情况的本愿寺宗主显如，亲自请求纪州信徒们来大坂。在刚才的信中，显如还提及为向阿弥陀佛和宗祖亲鸾圣人报恩，也应该不惜性命、恪尽忠诚这样的内容。

六日，他又给近江中郡的信徒写了书信。近江中郡就是犬上郡、蒲生郡等琵琶湖东面中部一带地区。

与这封书信内容基本相同，有种说法是九月二日还有一封发往美浓郡上信徒的信件（这封书信收藏于安养寺，是后世重新抄写的，无法确定日期）。如果这是事实的话，可以说本愿寺的起兵是在八月下旬看到信长的出兵和布阵状况之后做出的决断。

或者，八月二十六日扎营于天王寺的信长可能传达了某种意向，以至于本愿寺感受到了危机吧。

信长给本愿寺出的"难题"

为了弄清楚本愿寺究竟感受到了怎样的危机，我们来看看日期能确定的九月六日写给近江中郡信徒的书信：

致书江州中郡信徒

信长上洛以来给本愿寺造成诸多麻烦。前年以来，面对诸多难题，我们虽然尽全力服从信长，却仍毫无办法。最终他们还是通知我们说，要将其破坏。对此已经无能为力了。

因而此时此刻，为保开山祖师所创的门派不遭灭顶之灾，望各位不惜性命，恪尽忠诚，共同奋斗，就此拜托诸位。若不能来援，将来就不再是本愿寺的信徒。诚惶诚恐。

九月六日

显如

通过这封书信，我们考察本愿寺的起兵动机，可以看到两个非常重要的内容。

其一，就是之前也提到过，信长给本愿寺出了"难题"。

其二，就是如果不能"不惜性命"助本愿寺一臂之力，将来就"不再是本愿寺的信徒"，这是宗主显如在暗示他将开除、放逐信徒。

这就是"宗主权"，显如的父亲证如已经行使过这一权力，"宗主权"还包括夺人性命、令人自尽的内容。这种"宗主权"在本愿寺之战中发挥了强大的控制力。而且这也与本愿寺信仰的本质有关，关于这个之后还会进一步介绍。

那么，织田信长从"前年以来"，也就是永禄十一年（1568）八月拥立足利义昭"上洛"以来，给本愿寺出的"难题"究竟是什么呢？

为将军家复兴征收的军费五千贯是一个难题，但本愿寺很快就上交了。因此，信长在此以后也向本愿寺出过

"难题"。然而，这却似乎是本愿寺无论如何也没法答应的。

面对拒绝了"难题"的本愿寺，信长通知他们：

> 要将其破坏。

信长通知要破坏的，是指本愿寺寺内町的八个町，还是指以"御坊"为中心的本愿寺寺院部分，又或者二者都是被破坏的对象？

堺和大坂共同的经济、贸易实力

与信长对于本愿寺的态度可以进行比较的是信长对堺的态度。堺拒绝了两万贯军费的要求，采取抵抗的姿态。对此，信长表示：

> 要将其破坏。（《细川两家记》）

信长命令破坏堺，对其施以威胁。然而，堺的大商人组织会合众终于在信长的要求面前屈服，信长于是任命自己的亲信——仓库商人、经营药材的今井宗久为堺近郊的堺五庄的代官，并命令家臣松井友闲作为行政官常驻堺，将堺变成他的直辖地。

这样看来信长的意图并不是要破坏堺，而是想要控制堺的经济、贸易，以及火绳枪等兵器制造业。

从堺的事例来看，虽然信长对本愿寺说要"将其破坏"，但这只是一种威胁，事实上他的目的是要控制本愿寺掌握的财力，寺内町的手工业和商业、贸易等经济实力。

本愿寺掌握着巨大的财富：

> 本愿寺宗主掌握金银之数甚多，日本财富的大部分都归他一人所有。(《耶稣会士日本通信》永禄四年八月十七日)

这是葡萄牙人传教士加斯帕·费雷拉给印度耶稣会所写的报告里面记载的。

这个记载有些夸张，但事实上，本愿寺将全国信徒交上来的献金转化为巨大财力，并和细川晴元这样的强势大名、青莲院门迹①以及前关白近卫前久接触，他们也向本愿寺寻求经济援助。

另外，本愿寺也通过公卿与天皇接近，为因财力不足

---

① 皇子、贵族出家担任住持的寺院。

而无法举行即位仪式的天皇提供经济支持，因此得以跻身门迹寺院之列（谷下一梦《显如上人传》）。

显如十七岁的永禄二年（1559）十二月，正亲町天皇在本愿寺的资助下才得以即位。

这样，本愿寺运用财力，依托紧邻大坂湾的地利，与堺商人合作建造渡明船，试图发展与明朝的贸易。此外，在大坂视察的方济各·沙勿略也向印度总督建议，与大坂开展贸易有利可图，应该推行。这件事发生在显如的父亲证如的时代，此时石山本愿寺已经具有了不亚于堺的经济实力，并也获得了能够发展海外贸易的地利之便。

因此，织田信长想要的，就是本愿寺所在的大坂这块地，以及支撑本愿寺寺内町的生产力和运输能力。

本愿寺把御坊搬出石山

如此看来，织田信长出的"难题"，就是要让本愿寺御坊从石山搬出去。

本愿寺起兵之后的九月二十九日，曾在本愿寺暂住且起兵的时候可能就在寺内町的前关白近卫前久，给显如写了封信，在信中说本愿寺的起兵是无谋之举。对此，显如回信说：

信长肆意妄为，本愿寺实难忍受。（《显如上人文案》）

换言之，信长出的"难题"，对于本愿寺而言实在是无法忍受之事。

即便如此，信长还是威胁说，如果不答应自己的要求，就会大肆破坏。这里说的破坏，与其说是针对包括寺内町在内的石山本愿寺全境，不如说是破坏本愿寺的御坊。

过去，信长在进攻美浓斋藤氏的时候，是在对斋藤道三所设立的加纳自由贸易市场加以保护的前提之下，对稻叶山城的斋藤龙兴发起进攻，并把他驱逐出去的。再者，在使木曾川沿岸交通要地上的富田圣德寺屈服的时候，信长也答应保护寺内町，这才将其置于自己的控制之下。

顺便说，这个圣德寺就是织田信长和斋藤道三曾经会面的那个寺院。

《信长公记》卷首记载：

这个叫富田的地方，是个有七百户民家的富贵之处。大坂（石山本愿寺）向这里派遣"代理坊主"，这里还持有美浓、尾张的守护所颁发的"判形"（税赋杂役免除文书），享有特权。

可见，这里也从领主那里得到了"寺内特权"，愈发繁荣起来。

由此可以想见，织田信长意图通过让本愿寺御坊从大坂搬出去，获取对寺内町的控制权，进而掌握具有贸易实力的大坂全境。

> 如果不把本愿寺从大坂搬出去的话，就毁坏御坊。

信长所出的"难题"就是这个吧。然而，面对这样的要求，本愿寺是无论如何也不能接受的。

石山本愿寺是第八代宗主莲如开创的，这一点自不必说，自京都山科的本愿寺毁于兵火以来，历时四十年，此地已经成为凭本愿寺自己的实力构筑的佛法之城。失去石山，不仅是背弃莲如的遗训，还可能使宗主亲鸾圣人的法脉自此断绝。

在显如给近江中郡信徒的书信中有这样的话：

> 为保开山祖师所创的门派不遭灭顶之灾，望各位不惜性命，恪尽忠诚……

离开此地就会导致门派断绝，从这句话中，可以看出本愿寺的危机感。信长出的"难题",被他们视为对本愿寺和本愿寺信仰之存续的否定。

信长觊觎石山的战略意义

信长之所以坚持要本愿寺撤出石山,主要来讲有两大战略意义。

首先第一点,让本愿寺屈服,从大坂退出去,可以弱化那些还与各地大名勾结的本愿寺信徒的势力。特别是支持三好三人众的阿波、赞岐的信徒,以及与浅井长政、六角承祯协作的近江信徒。一般认为,他们的背后有本愿寺的指示。

因此若能击败本愿寺,那么本愿寺将失去凝聚力,各地的信徒势力也就像断了线的风筝一样,一定会陷入各自为战的状态。

信长已经将尾张信徒的中心富田圣德寺据为己有,此外,连接美浓和京都之间的道路上的大津通往京都入口处的近松显证寺、京都大坂往返必经之地的淀川流域的摄津高槻富田教行寺,还有河内招提的敬应寺、枚方的顺兴寺、八尾久宝寺的显证寺,这些寺内町都已屈服于信长。信长向他们下发朱印状,保证他们的安定。

这些寺院、道场并未受到破坏,信长是在保证寺院和寺内町存续的基础之上，对其实施控制的。

这样想来，如果本愿寺也服从信长，本愿寺和寺内町的存续也能得到信长的保障。面对统率各地信徒的本愿寺，信长唯独对大坂之地的存续不予认可。

这其实是织田军"武家"统辖天下的逻辑与大坂的信徒、百姓同心自治的中世式的逻辑之间的矛盾。藤木久志提出了一个具有重要意义的观点，即织田信长的目标是对后者的完全掌控（《统一政权的成立》，岩波讲座《日本历史》第九卷）。

另外，信长的战略目标的第二点，前面已经提到，就是看中了石山本愿寺所在的大坂的地利。

十年后本愿寺从这里撤出，织田信长以此为城郭，将这里作为进攻毛利氏和四国长宗我部氏的据点。我们知道在信长死后，羽柴秀吉也在这里筑城。这里是面朝大坂湾的上町台地最高处的尖端部分，地理条件非常优越。

而且这里还邻近淀川、大和川等河流的入海口，可以作为港口使用。这里已经作为繁荣贸易港堺和兵库之间的新兴贸易港，引起了世人的瞩目。

通往亚洲、西洋的海上交通线的据点

信长的文胆太田牛一所记录的《信长公记》（卷十

三），对大坂是这样记述的，这也是信长对大坂的评价吧。

以下引用篇幅较长，但这确实是能够了解时人对大坂的认识的重要史料：

> 原来大坂此地，乃是日本第一的好地方。具体来说，距离奈良、堺、京都很近，特别是从淀、鸟羽到大坂城的入口，可乘船直达，据四方之要地，北有贺茂川、白川、桂川、淀川、宇治川这些大河，二三里之内，还有中津川、吹田川、江口川、神崎川流过，不知几重。
>
> 东南可见尼上嵩、立田山、生驹山、饭盛山的景色，山麓有道明寺川、大和川流过，通过新开的深河，与立田的溪水汇合，到大坂的腰部还有三四里的距离，河川相接，水色渺渺。西面更是漫漫沧海，其状难以言表。唐土、高丽、西洋的船只，在海上出出入入，五畿七道均云集于此，实在是商贸利润聚集的富贵港口。

接着，《信长公记》又描述了此处本愿寺的繁荣景象：

> （本愿寺）对治烦恼之怨敌，在佛法兴盛的灵验之地构筑住家。房屋鳞次栉比、满是富裕之烟。这里

都遵从此法，从偏僻的地方和遥远的海岛而来的拜佛者夜以继日，络绎不绝。

此外：

> 信长公这一年中，使野田、福岛的守军尽数退去，大坂就在眼前。然而这些僧侣，却起兵造反，通路遂被阻断。

这里记载了本愿寺的起兵。

根据《信长公记》可以看到，信长可能不只是把大坂视作适合筑城之处，还视其为沟通河川、港湾的交通要地、贸易关键点。

而且信长还认识到，这地方已与唐土（中国）、高丽（朝鲜），甚至与印度乃至欧洲联系起来。

若将大坂纳入控制之下，尾张、美浓、近江、京都，以及摄津、河内、和泉、大和也可以被联系起来，织田军的军事和贸易网络可以通过濑户内海延伸向四国、中国地区（本州岛西部）、九州。

并且，通过大坂湾，从日本周边的亚洲诸国到欧洲的海上商路也得以打开。信长之前已经通过葡萄牙传教士路易斯·弗洛伊斯，了解到了欧洲进入"大航海时代"的情况，因而应该能够充分认识大坂的重要性。

因此，信长对于本愿寺所在的大坂之地的控制欲很强。信长对再三遣使求和的三好三人众置之不理，连日向野田要塞和福岛要塞发起进攻，这就是对本愿寺的威胁，意图恐吓其撤出石山。

传闻说，进攻野田、福岛之后，就会再进攻大坂。（《细川两家记》）

终于，显如在命令各地的信徒向大坂会合的同时，下定了起兵的决心。

第二章　战线扩大

——反信长包围圈的形成

　　现在是极为迫切的关键时刻，请切勿迟疑，万望贵方理解事情之紧急。具体情况，已拜托（下间）赖总法印转述，就此搁笔。诚惶诚恐。

　　（元龟元年九月十日，显如致浅井久政、浅井长政的信，《显如上人文案》）

本愿寺指挥的各地"一揆"

本愿寺究竟是在什么时候下定起兵决心的，无法准确知晓。但是据传显如在元龟元年（1570）九月六日致书近江中郡的信徒时，本愿寺已经在催促各地的信徒奋起反抗了。

奈良兴福寺大乘院的门主寻宪，在日记《寻宪记》的九月六日这天中写道：

> 世上到处流传说，大坂（石山本愿寺）向全国各地尽数下达了发起"一揆"的命令。

这样看来，街头巷尾已经在议论本愿寺和信徒们将对织田信长发起反攻的事。

正在这样的骚乱中，石山本愿寺陷入了巨大的悲痛里。九月七日，显如的祖母庆寿院（法名叫作融誓、镇永，号北向）去世了。

> 据说本愿寺（显如）祖母庆寿院，于七日逝去。有八十岁了吧。（《言继卿记》）

权大纳言山科言继的日记里这样记载道。山科言继也是信长和十二日起兵的本愿寺之间的和议敕使之一。

山科言继原本是计划九月二十日携天皇的诏书去大坂的，因为浅井长政和朝仓义景正向南近江发起进攻，进入了坂本和大津一带，道路的安全无法保障，他不得不将去大坂的时间推迟。二十一日，为大坂之行而犹豫不决的言继，将诏书交给大纳言乌丸光康，他就是在这一天听说了庆寿院去世的消息。

庆寿院于七日去世，但之所以这时才知道消息，可能是因为织田信长的攻势使得道路不通，或者是本愿寺秘不发丧。

京都知道庆寿院的死时已经是十四天以后了。事实上，长年累月事实上掌控着本愿寺这座天皇家的敕愿寺①的，正是庆寿院本人。因而她的死给内外的政局掀起了不小的波澜，从山科言继日记中的记录也可见一斑。

而且，庆寿院的去世，也是本愿寺起兵的原因之一。我们需要略微了解下这个人物。

统治本愿寺的"女宗主"庆寿院

庆寿院在石山本愿寺的地位，一言以蔽之，可以叫

---

① 依天皇命令建立的寺院，或者建立之后向天皇奏请获得批准的天皇家的寺院。

石山本愿寺之战

证如之母、显如祖母　庆寿院画像（本愿寺藏）

"女宗主"。

　　庆寿院是那位将本愿寺教团扩展向全国的第八代宗主莲如的孙女。正如《本愿寺谱系略图》所示，庆寿院是莲如之子莲淳的女儿，第九代宗主实如之子圆如的妻子，丈夫是她的堂兄弟。

　　然而，她的丈夫圆如，比岳父实如还要早逝，之后实如也去世了，她便作为年仅十岁的儿子证如的监护人，在本愿寺内具有了不可动摇的地位。

　　支持着庆寿院的，是她的父亲莲淳。作为宗主证如的外

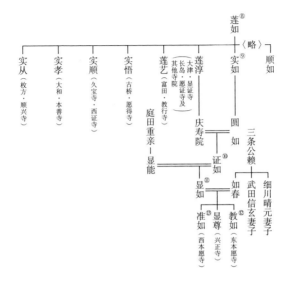

本愿寺谱系略图（圈码数字表示第几代宗主）

祖父，莲淳成功将他兄弟（松冈寺莲纲、光教寺莲誓、本泉寺莲悟）当住持的加贺三大寺院纳入本愿寺的支配之下。

此外莲淳还与细川晴元、六角承祯等人作战，在山科本愿寺毁于战火之后，将本愿寺搬到莲如所建的石山道场。他还向朝廷与将军足利义晴靠拢，与细川晴元等人停火。此后，莲淳与庆寿院父女，作为年幼的证如的监护人，掌握着本愿寺的大权。

这以后加贺、越前发生"一向一揆"时，庆寿院受莲淳的指示，对不听命令的信徒加以责难，将其流放，甚至令其自裁或接受处决。通过行使"宗主权"，本愿寺的控制力愈发加强。

顺便说一下，前面也已提到，近江大津近松显证寺、河内八尾久宝寺的显证寺、招提敬应寺都是莲淳所建立的寺院。此外在石山本愿寺之战中发挥了重大作用的伊势长岛愿证寺也是莲淳创建的。这座愿证寺是后面将提到的长岛"一向一揆"的据点，与信长殊死决战后最终溃灭。

莲淳在天文十九年（1550）以八十七岁的高龄去世，从此庆寿院独自作为证如的监护人，手中的权势也越来越大。

证如的日记《天文日记》中经常会提到庆寿院的动向。当时十分流行茶会，而担当茶会主人的，从来都不是宗主证如，而是其母庆寿院。

证如于天文二十三年在三十九岁时撒手人寰，在闭上眼睛前，证如将十二岁的孩子显如托孤于庆寿院，请她担任显如的监护人。

> 万事皆听凭母亲，今后就完全拜托了。（《私心记》天文二十三年八月十三日）

证如去世的前一天，也是就是八月十二日，显如剃度。按历来的惯例，本愿寺宗主的剃度都在京都的青莲院门迹进行，但是由于证如病情危急，这次只能不顾先例，就在本愿寺里完成了剃度仪式。

很显然，这也是庆寿院的意思：

八月十二日（宗主证如逝前一日）根据庆寿院的意见，少主（十二岁）突然剃度为僧。（《信受院殿记》、谷下一梦《显如上人传》）

从此以后，本愿寺宗主的剃度得以不再受青莲院门迹的限制，而在本愿寺内举行。

庆寿院与显如的妻子如春

除此之外，为了提高本愿寺的地位，庆寿院在朝廷中广为活动。终于，显如被列为"门迹"，本愿寺也获得了梦寐以求的门迹寺院①的位置。这是永禄二年（1559）十二月的事情。

前面也已经提到，正亲町天皇的即位典礼的费用，是由本愿寺来出的，作为回报，本愿寺获得了这一地位。立下次等功劳的庆寿院，也于永禄三年五月，以一介平民女性的身份，破格被授予从二位的官位。

---

① 前注已经提到，门迹寺院指的是皇子或贵族出家担任院主的寺院，拥有极高的地位。本愿寺虽然拥有巨大的经济实力和大量的信徒，但仍需要在地位上得到提升。

庆寿院在孙子显如的婚姻大事上，也发挥了她的政治才能。经过很复杂的过程，她将公卿三条公赖的女儿迎进了门。

三条公赖有三个女儿。一个嫁给了细川晴元，一个嫁给了甲斐（今山梨县）的武田信玄，最小的女儿则通过庆寿院，做了显如的妻子。她就是如春（又称北向、北方）。

如春在嫁给显如之时，也是姐夫细川晴元和六角承祯的"犹子"①。这当然包含着与曾经的敌人细川氏和六角氏保持友好关系的政治意图。

另外，显如的生母显能，在显如婚后第二年的永禄元年七月十七日逝去，享年三十七岁。

就这样，庆寿院事实上在大永五年（1525）第九代宗主实如去世后，掌握本愿寺实权长达近五十年。庆寿院简直堪称本愿寺"女宗主"，这也是继承了本愿寺的"家风"，因为祖师亲鸾圣人的女儿觉信在京都大谷开创亲鸾庙（本愿寺）以后，实际上是通过宗主的妻子，本愿寺才得以诞生的。

而且，显如的妻子如春，不久也在背后拥有了能够左右本愿寺进退的实权。这也可以说是本愿寺"女宗主"家风的结果。如春是如何在本愿寺内部掌握实权的，第七章还会详细讲述。

---

① 即形式上的父子（女）关系。

这位庆寿院去世之时，正好是她的孙儿显如向各地信徒送出决意起兵的书信的第二天。

庆寿院的去世，宣告本愿寺的一个时代自此结束；同时，也拉开了本愿寺与织田信长之间的长达十年的战争时代的大幕。

浅井、朝仓同盟成立

显如全无为祖母的去世而悲伤的闲暇，他继续给诸国的信徒写信。九月九日织田信长从天王寺向本愿寺的咽喉之所天满森林进军之后的第二天，显如下了决断。

显如决定，与三个月前在姊川之战败给信长的北近江浅井氏携手。二者将信长视为共同的敌人，决定结成同盟。

浅井下野守（久政）

浅井备前守（长政）

现在是极为迫切的关键时刻，请切勿迟疑，万望贵方理解事情之紧急。具体情况，已拜托（下间）赖总法印转述，就此搁笔。诚惶诚恐。

九月十日

（《显如上人文案》）

收信人是浅井久政、浅井长政父子。使者赖总法印就是下间赖总。

下间氏自下间莲位担任净土真宗祖师亲鸾的家仆以来，代代作为实务官僚负责本愿寺的世俗事务。显如在被列为"门迹"之后，依据门迹寺院的制度，僧房改称"坊官"，继续负责俗务。譬如下间赖良、下间赖充，以及下间赖总就是如此。

其中的下间赖总，作为使者前去拜访浅井氏。然而据《石山本愿寺日记》上卷（清文堂出版）所载的《下间系图抄》，赖总已于永禄十二年十二月十四日"生害"，享年三十三岁，也就是在宗主显如的示意下被杀，或是被勒令自裁了。因此，这个赖总可能是新就任坊官的人。

无论如何，本愿寺起兵之后，作为坊官的下间家族，与本愿寺家族担任住持的被叫作"院家"的寺院势力一起，共同支撑着显如。

关于本愿寺与浅井氏同盟的成立，看看二者此后的动向便可明了。而且，对信长的敌意日益高涨的南近江的六角承祯，其犹子如春正是显如的妻子。因此，通过与北近江的浅井氏结成合作关系，以本愿寺为中心的近江反信长统一战线成立了。

自莲如的传教活动以来，琵琶湖一带的寺院和道场拥有了很多的信徒。然而，随着织田信长侵入近江，近江信

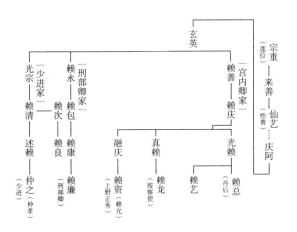

下间家谱系略图

徒备受压迫。直到此时，近江信徒才算有了和浅井氏、六角氏联合对抗信长的大义名分。

此外，因属地的控制权问题，本愿寺曾和浅井氏的同盟者越前的朝仓义景长期对立。在一年前的永禄十二年（1569）四月，由曾经亡命于越前一乘谷的足利义昭从中斡旋，本愿寺与朝仓氏达成和议。

作为和解的象征，朝仓义景答应把女儿嫁给显如的长子教如。两年后的元龟二年夏天，二人举行了婚礼。

顺便提及，天正元年（1573）八月，义景为信长所灭，他的女儿逃出加贺（今石川县），终于抵达大坂，这才正式进了教如的家门。七年后的天正八年八月，在教如从石山本愿寺撤出之时，她又与教如分别，据说逃到了安艺（今广岛县）佛护寺，此后再也没有了消息。

另外，因为对教如对妻子的处置不满，以及嫌弃他的侧室教寿院的卑贱出身，教如的母亲如春解除了他第十二代宗主的职位（谷下一梦《本愿寺教如上人内室考》，《增补真宗史的诸研究》）。继任第十三代宗主的，是如春的第三个儿子准如。这也是后来本愿寺分裂的间接原因。

轻视"长袖"本愿寺的信长失算了

根据本愿寺起兵的九月十二日山科言继的日记，有传言说，朝仓义景率八千越前军进入近江的坚田，直指京都。于是，"京都动荡"（《言继卿记》）。

山科言继称之为毫无根据的谣言，然而四日后的十六日，朝仓、浅井两军三万人进入坂本，十九日与近江的本愿寺信徒一起，向通往京都的交通要道逢坂越、今道越（山中越）上的要地宇佐山城发起了进攻。从这一连串的行动可以看出，本愿寺的起兵是与浅井、朝仓协同夹击信长军的作战行动。对浅井、朝仓而言，与本愿寺的同盟，是洗刷姊川之战败北污名的好机会。这可以说是存亡攸关的军事行动了。

进攻宇佐山城的浅井、朝仓军斩下了包括守将织田信治（信长的弟弟）、部将森可成在内的二百首级。二十日，他们又向大津、山科、醍醐进发，窥伺京都。

因为浅井、朝仓联军的行动，信长通往大本营美浓岐阜的道路被切断。知道这一信息之后的信长，于二十三日停止了对野田、福岛两要塞以及本愿寺的攻击，返回了京都。

信长早已预见到了本愿寺的起兵，因此想必不会过于震惊。然而，浅井、朝仓的联军与本愿寺相呼应，对京都周边发起进攻一事恐怕是他没有料到的。

我们再来考察一下这一过程。

浅井、朝仓联军自琵琶湖开始南下，本愿寺起兵当天，也就是九月十二日，信长将大营从天满森林移到距离野田、福岛要塞较近的海老江，在这里迎接足利义昭的到来。同时，信长拒绝了三好三人众的求和，下令全面进攻。

半夜，本愿寺起兵。信长认为"并无大碍"（《信长公记》卷三）。后来写成的史料——小濑甫庵的《信长记》（卷三）中也说：

> 信长卿的气色并无变化。大坂这些长袖僧侣，没什么大不了的。不过下达了继续进攻的命令而已。

可见，本愿寺的起兵并没有使信长动摇。从这些史料来看，倒不如说信长是在等着本愿寺起兵。信长大概以为，以"要将其破坏"相威胁，将六万大军部署在本愿寺周围，本愿寺必然会屈服。

此外，他应该也认为：即便本愿寺起兵了，又究竟能构成多大的威胁呢？《信长记》将本愿寺说成"长袖"，太田牛一的《信长公记》里面也说"以长袖之身，竟发起'一揆'"（卷十三）。

这里的意思是，起兵的无非是穿着长袖僧衣的和尚和跟随他们的农民而已，能成什么气候呢？这显然是对本愿寺的轻视。

当时，穿着长袖僧衣的和尚，以及公卿、神社的神官、医生、药师等，都被视作文弱之徒，是那些把袖子剪短以穿着铠甲的武士们嘲讽的对象。即便是在信长方的文胆太田牛一的笔下，也能看出这种轻蔑的意识。

信长起初视本愿寺为"长袖"而加以蔑视，也是因为他在本愿寺势力范围之内安营扎寨，在里面行动可谓旁若无人。然而，信长最终将体会到，他当初的认识是多么幼稚肤浅。

将军足利义昭的任务是什么？

信长对本愿寺的起兵完全是不慌不忙的，但有一个人很是吃惊。这个人就是将军足利义昭。

　　足利义昭对谋杀其兄长第十三代将军足利义辉，把足利义荣从阿波请来做傀儡将军的三好三人众非常憎恨。因此，即便很不情愿，他还是答应了信长让他亲自出战的请求。

　　足利义昭率领两千余人参战，虽说是将军亲征，但全部指挥权都被信长掌控，亲眼看到这一状况的义昭也愕然了。

　　在"将军亲征"的命令之下被召集于京都的铁匠和木匠，在信长的指挥下，参与了包围野田、福岛两要塞的塔楼的建设，并制造了大铁炮，以破坏对方的土墙和望楼。信长在攻击三好三人众的同时，势必也有进攻本愿寺的意图，这是尽人皆知的事情。

　　此外，纪州根来寺的僧兵约五千人，也响应"将军亲征"的口号，为了确保本寺的控制范围，对和泉、河内零散的（本愿寺下辖的）寺内町发起了进攻，肆意对本愿寺进行挑衅。

　　并且，在信长的猛攻之下叫苦不迭的三好三人众，不断给信长道歉乞和，信长却不予理会，依旧指示"全力进攻"，丝毫不减缓攻击的势头。

　　于是本愿寺起兵了。至此，足利义昭终于明白了信长的真正意图。义昭心里大约是这样推测的：

　　　　讨伐三好三人众的同时，又要对本愿寺下手，"将军亲征"这个名义是必要的。如果将军也出现在战场上，信长就能够公然向本愿寺——这个接受正亲町天皇敕命，并为第十三代将军足利义辉所承认的门迹寺院发起进攻了。

或许足利义昭看破了信长的意图。于是，义昭对信长的疑心势必也愈发加深。

将军义昭策划的讲和方案

本愿寺起兵的第二天亦即十三日，拂晓时西风劲吹，海水汹涌，淀川倒流。此外，因大雨不断，三好三人众发现了机会，趁势将河岸的堤防掘开了。于是，信长的军营进了水，军心大为动摇。

十四日，足利义昭思考着与本愿寺的议和方案。本愿寺是天皇的"敕愿寺"，只要向朝廷上奏，与本愿寺达成和议，不仅可以避开信长的意图，将主导权夺回来，还可以使自己不与本愿寺为敌。

这天，义昭紧急将同行的大纳言乌丸光康派往京都。乌丸光康在十八日向朝廷汇报了义昭的想法。

> 武家（义昭）指示说，应避免大坂的"一揆"。大纳言（乌丸光康）如是奏上。（《御汤殿上日记》

九月十八日）

足利义昭想要得到天皇的诏书，以制止"大坂的'一揆'"，也就是本愿寺的起兵。显如现在已经位列门迹，本愿寺也位列天皇家的敕愿寺，天皇的意向是不容忽视的。

义昭这时的请求是否与信长有关，我们不得而知。但是，十六、十七两日，确实有了停战的提议。

十六、十七日火绳枪攻击停止，虽有调停议和，却并未达成协议。（《细川两家记》）

这次停战是由哪一方提出的，尚无法断定，或许是亲自出面调停的足利义昭提出的。然而，议和无果而终，二十日，本愿寺的军队与信长军在春日江堤开始了正面的碰撞。

朝廷对于作为敕愿寺的本愿寺的态度

接受足利义昭请求的朝廷于十九日任命山科言继和中纳言柳原淳光为敕使，命他们携天皇的诏书去大坂。

诏书最终未能送达本愿寺，但山科言继将其内容抄在自己的日记里：

石山本愿寺之战

> **致书本愿寺僧正**
>
> 本次，大树（将军）已为平定天下出兵，信长也一同前往。听说（本愿寺）发起"一揆"，与他们为敌，实在是胡来，万万不可。早止干戈，甚为紧要。钦此。以两人（山科言继、柳原淳光）代为传达。
>
> （《言继卿记》九月二十日条）

收信方是"本愿寺僧正"，这是因为显如已在永禄四年（1561）被任命为僧正。因而这封诏书其实就是写给显如的。

诏书里面说，将军与信长的出兵是为了平定天下，也就是承认了出兵的正当性。另一方面，本愿寺的起兵则被视为"一揆"，本愿寺的行动被斥责为"胡来"。

这封诏书被今谷明从朝廷方面的视角命名为"训斥诏书"（《信长与天皇》），如果从另一个不同的视角来看，天皇与朝廷对实际当权者如何唯唯诺诺、言听计从就显而易见了。

再者，本愿寺的起兵被看成是民众反体制的"一揆"，是以旧有的概念来定性的，这一点尤为重要。本愿寺虽然已经得到天皇敕命成为门迹寺院，它的起兵却依然被视为与此前民众发起的无秩序的"一揆"相同的东西。

可以说朝廷对本愿寺和信徒带有某种蔑视的观念。

这与信长一方视其为"长袖"的想法相同。因为这一蔑视的想法，信长被本愿寺拖入长达十年的战争泥淖，朝廷也因此权威大损。

浅井、朝仓军对近江的进攻

山科言继等敕使于二十日白天带着诏书向大坂出发，结果局势骤变，计划只得延期。

前面已经提到，浅井、朝仓军在前日进攻宇佐山城，守将织田信治战死。这天，浅井、朝仓军越过逢坂山，进入山科、醍醐。

浅井、朝仓军当中也有近江本愿寺信徒，甚至比叡山延历寺的僧侣也助他们一臂之力。延历寺常年控制的各处领地屡遭信长的抢夺，此举招致了延历寺的激烈反抗。这也成为信长火烧比叡山的间接原因。

因浅井、朝仓军的行动，不仅一度在信长控制下的南近江"变了颜色"，连京都也危在旦夕。

如此混乱情况之下，敕使前往大坂的日期向后推迟一天。但次日（二十一日），浅井、朝仓军前锋侵入伏见、鸟羽并放火，这让山科言继感到十分危险，不禁踌躇不已，最终将诏书托付给了乌丸光康。

乌丸光康很快就出发，但因盗贼出没、治安恶化，最后没能到达大坂，于二十三日返回了京都。

这天，织田信长了解到浅井、朝仓军的迅速推进，遂暂停了大坂的战斗，下令向京都回撤。二十四日，信长军遭遇淀川沿岸埋伏着的本愿寺信徒的攻击，吃尽苦头，总算和足利义昭一起狼狈不堪地逃回了京都。

这封诏书完全没有发挥任何作用。如果诏书被送到了本愿寺，显如会如何应对呢？也许会早早听从天皇的圣意，认可将军与信长的行动为"平定天下"的义举，速速止戈休战？

本愿寺已经向浅井氏提出了协助的请求并且起兵了，它陷入进退两难的境地，投入到战争当中。不仅如此，起兵两天后的十四日，显如在给纪州信徒的信中写道：

> 请速回报。我方已艰难至极。根来寺的事情我也万般无奈，未能协调成功，这方面已不必在意。早日结束此事就可喜可贺了，一并拜托了。(《本愿寺文书》)

在这封信中，显如指示说，与响应将军和信长的号召而出兵的根来寺僧兵进行的调停以失败告终，应该与他们开战了。

此外，十九日，显如又向对三好三人众有很大影响的阿波木津城主筱原长房写信：

> 本次渡海之事，期盼早日能与我们同心协力。知悉贵方已到达淡路岛并登陆，不甚欣慰。还希望您加快速度，加入大坂的军阵。（《显如上人文案》九月十九日）

在这里，显如请求已经到达淡路岛的筱原长房早日来大坂参战。筱原长房的妻子，是本愿寺一族入寺的寺院大和教行寺的僧侣佐荣的妹妹。因而他与本愿寺是协作关系。筱原长房获得了阿波、赞岐的本愿寺信徒的支援，率领两万余兵力，经淡路岛，于十月一日抵达本愿寺附近的中岛。

从本愿寺主导的起兵的影响来看，天皇的诏书究竟能发挥多大作用，尚存疑问。即便本愿寺接受了诏书，停止对抗，也不过是一时的。信长所施加的"难题"一日不解除，和议就一日不会达成。

全面撤退的信长军崩溃了

无论如何，正当二十日敕使犹豫不决的时候，本愿

石山本愿寺之战

寺军约五千人从天满森林对岸的春日江堤向守口方向出击了。本愿寺军以割稻子为伪装，试图引蛇（信长军）出洞。

知晓本愿寺动向的信长母衣众①佐佐成政等人，越过近江川发起攻势。然而，埋伏着的本愿寺军火绳枪队一起开枪，信长军大乱败退。这时，同为信长母衣众的前田利家杀入本愿寺军中，力挽狂澜（《信长公记》卷三）。

在春日江堤的战斗中，一位叫下间与四郎的年轻人斩杀了将军足利义昭的家臣野村越中守。此外，下间赖总的家臣长末新七郎则斩杀了信长军的武将毛利长秀和兼松正吉。

此战气壮山河，到了江户时代仍被画在战记画上，作为本愿寺信徒的光荣战史被不断讲述。

据《信长公记》等资料，此战发生于十四日，但此前一天有大雨、暴风，淀川逆流，信长军的大营已淹没在大水之中。因而《细川两家记》所记载的二十日才应该是正确的时间。

两天后的二十二日，浅井、朝仓军前锋到达伏见附近，获悉这一战报的信长，迅速解除了对野田、福岛两要塞的包围，停止了与本愿寺的对战态势，决定撤回京都。

---

① 相当于传令兵。

因为虽说在"将军亲征"的名义下总共动员了约六万兵力，但如果战况继续这样下去，不仅京都会被敌人夺去，连退回根据地岐阜也会变得没那么有把握了。

信长命令将在当地召集的各队解散，二十三日，他以柴田胜家、和田惟政为殿军，与将军义昭一同从中岛渡过淀川的江口，回到了京都。

这时，本愿寺军中曾有人想要追击信长军。然而，坊官下间仲之充分了解信长军在撤退时的强大，所以根据他的意见，这一计划被搁置了（《石山军记》《石山退去录》）。

撤退时，信长为了奖赏淀川支流神崎川的渡口江口的船夫的功劳，下发了禁令。

致江口村船夫

渡船一事，为使交通通畅，本村中一切的骚乱、不法行为均予以取缔。若有不法之徒，当严加处罚。

元龟元年九月 （信长印）

江口位于淀川和神崎川的渡口，自古以来就是淀川的交通要地。自从莲如在石山设立"御坊"、开始布教以来，信徒组织就在船员和码头工人之间形成了。

江口附近有三番定专坊，对岸有古桥愿得寺、出口光善寺等，这些都是莲如或者他的儿子创建的寺院。这些寺院历来是由淀川水系上从事水运工作的信徒们支持着。

虽然江口的船夫帮助信长过了河,但这一带的本愿寺信徒却发生暴动了。

> "一揆"暴动,渡船被藏起来,交通被阻断。如同稻麻、竹苇一般(混乱失序),他们大部分持有竹矛,不过虽然他们在江口川对岸的大坂堤上叫唤不已,却没什么大不了的。

从《信长公记》(卷三)的记叙看来,仿佛信徒们的暴动根本不算大事,但信长军的撤退似乎遭遇了极大的困难。

因信长军局面的翻转而更加悲惨的是在当地被召集起来的人们。在附近拥有城池的武将们慌慌张张逃了回去,各自加强了守备,但播磨众、纪州的汤川众、根来众,在本愿寺和三好三人众的追击之下陷入了苦战(《细川两家记》)。

"对于信长之恣意妄为,已难忍受"

信长撤回京都后,三好三人众杀出野田、福岛要塞,本愿寺军也冲出石山,计划夺回被信长攻占的地方。

二十七日，筱原长房率领阿波、赞岐的两万余人在兵库登陆，次日率五千人在尼崎扎营。十月一日，筱原长房进军中岛，在此与岳父大和教行寺佐荣会面，与显如交换了誓约文书。

这时，正像之前提到过的一样，显如在给前关白近卫前久写的回信中说："此刻，对于信长之恣意妄为，已难忍受。"

近卫前久在永禄十一年（1568）足利义昭就任将军时，被解除了关白的职务，遁出京都，辗转流浪于摄津、河内、丹波（横跨今京都府、兵库县）各地。这时他也寄宿于本愿寺，把显如的儿子教如认作犹子。本愿寺起兵之时，他似乎就在石山寺内町中，显如收到近卫前久的书信后才知道他在寺中，很是吃惊。

近卫前久的书信内容已无从知晓，或许是在本愿寺与朝廷、将军、信长之间斡旋，巧施手段。此后，近卫前久按照信长的意思在"敕令讲和"之中甚为活跃，十年后本愿寺能从石山撤出，他发挥了很大的作用。

然后，本愿寺为了防备信长再次来犯，在十月七日，以显如的名义向各地的坊主、信徒发出书信，希望他们献出自己的"心意"。

致阿波坊主、信徒

近年来，信长凭借他的淫威，数次向我们提出难题，我们不胜其烦。此刻，本愿寺门下诸君们，正应该献上自己的心意，为佛法兴隆而努力。当今天下纷乱，这样下去秩序难以恢复，在此聊表旨趣。具体情况交由上野法眼、刑部卿法桥二人详述。诚惶诚恐。

十月七日　　　　显如

（《慈船寺文书》）

日期为同一天的书信，在赞岐、安艺（今广岛县西部）、筑后（今福冈县西南部）、近江也保存下来，可见显如大范围地送出了书信。

信中所说信长施加的"难题"，既有起兵之前的难题，也包含了信长对本愿寺的新一轮攻击的状况。

由于没有对其进行详细解释说明的"附加书信"留下来，我们无法清楚知晓信中提到的"心意"是指什么，估计是要求他们提供钱财、稻米、兵力和武器吧。

写附加书信的是上野法眼和刑部卿法桥，上野法眼就是下间赖资（正秀），刑部卿法桥就是下间赖廉。终于，取代下间赖资，按察使法桥下间赖龙和少进法桥下间□□登场了，他们与下间赖廉一起，被合称为"下间三老"，辅佐显如，成为石山本愿寺之战的指挥者。

显如扔向各地的"纸团"的威力

各地的信徒们响应显如的檄文纷纷起兵，仅仅近江就有江北十寺［福田寺、福胜寺、箕浦誓愿寺、顺庆寺、金光寺、净愿寺、汤次誓愿寺、称名寺、真宗寺、中道场（授法寺）］已起兵，向信长控制的箕作山和观音寺山发起了攻击。已夺回宇佐山城的信长虽然带着主要兵力朝这里进军，但因与盘踞比叡山山麓坂本一带的浅井、朝仓军对峙，无法再前进一步。信长已陷入无法返回根据地岐阜的窘境。

另一方面，本愿寺协助三好三人众，进军至河内的高屋、乌帽子形、若江、交野，甚至越过淀川，进攻摄津的伊丹、茨木、高槻，占领山城的御牧城，逼近京都。这个御牧城虽然很快就被细川藤孝和木下藤吉郎夺回，但信长军的后方仍然受到很大的威胁。

十月二十日，一位为本愿寺的战斗行为深感痛心的人在石山逝去，享年七十二岁。这个人就是莲如的孙子——光教寺显誓。显誓主张佛法脱离世俗政权的独立性，试图维护那位带领净土真宗（一向宗）走向兴盛的莲如的教诲。

显誓因为对本愿寺在加贺、越前参与"一向一揆"提出异议，而在永禄十年（1567）十月被宗主显如罢免了御影堂镒取①的重要职位，并被关了禁闭。

以"法流问题"为由被关了禁闭之后，显誓开始创作记录本愿寺历史和教义的《反故里书》《今古独语》《光阐百首》。显誓是个一心一意忠诚守护佛法的人，他的去世，与庆寿院的去世一样，助长了以年轻宗主显如为中心的主战派的势头。

十月三十日，京都的青莲院门迹门主尊朝法亲王②，为显如与信长的和谈居中斡旋。在本愿寺成为天皇的敕愿寺以前，青莲院曾是本愿寺的上级。尊朝法亲王以这个身份出面，意图通过信长十分信任的将军足利义昭的家臣细川藤孝来居中调停。对此，显如这样说：

> 本次意外之慌乱事态，实在是迫不得已。某并无异议。(《显如上人文案》十一月十三日)

显如在回信中对和谈表示欢迎，但并非是真的积极想要讲和。

这次和谈应该是织田信长为了打破困局而向细川藤孝下令安排的。信长在此前后还向筱原长房试探过和议的口

---

① 保管寺、社的庄园等钥匙的人。
② 皇子出家，为法亲王。

风。已经被牵制在京都周边近两个月动弹不得的信长，也秘密地计划和六角承祯和谈，十一月二十一日，双方终于达成和议。而在一天前，信长与筱原长房的和议也达成了。

然而，正当信长为突破困局而与六角承祯在二十一日握手言和时，伊势长岛的信徒已经响应显如的檄文起兵，并进攻信长弟弟信兴据守的尾张小木江城，使得信兴战败自尽。

关于伊势长岛的动向在下一章还会细讲。这次起兵显而易见是响应本愿寺号召的行动，从信长的后方发动袭击，意在削弱信长的势力。

信长虽然已经与一部分势力达成和议，但是依然与浅井、朝仓军处于对峙状态，丝毫动弹不得。信长用尽各种手段，甚至向浅井氏、朝仓氏提出屈辱的议和方案。首先，对于浅井氏，信长完全认可浅井氏所控制的领土范围，甚至承诺今后不再插手朝廷和门迹寺院的事务：

> 公家、门迹寺院的政道，今后应仰仗贵国（浅井氏），无误。（十一月二十八日信长朱印状，大津市立博物馆藏）

这里说的门迹寺院应该也包含本愿寺，但基本上是公家、寺院的政事就委托浅井氏做主的意思。此外，信长向朝仓氏写下了表示放弃政权，不再抱有野心的起请文①：

> 天下交付朝仓殿（义景），我（信长）再不敢有此奢望。(《三河物语》)

信长拜托将军足利义昭接受了天皇下达的"敕令讲和"，与浅井、朝仓和解，这才总算摆脱了困境。

信长一度放弃夺取天下的野心，主要就是因为本愿寺起兵，这也可以说是显如催促各地起兵的"纸团"所收获的成果。

本愿寺的起兵不仅大大阻碍了信长一统天下的战略，使其被迫变更计划，甚至也使得本愿寺与各地信徒的性质发生了很大的改变。

---

① 向神佛起誓的文书。

第三章　战线崩溃

——伊势长岛、近江、越前的起兵

信长与本寺和解一事，（略）信玄指示，对此应倾尽全力。我们与信长有深重的宿怨。然而，对方不可有失公平，擅自使用不当的伎俩。

（元龟三年九月十日，致书武田信玄，《显如上人文案》）

伊势长岛信徒的真实状况与武家的逻辑

伊势长岛信徒响应本愿寺宗主显如的檄文，于元龟元年（1570）十一月，与桑名的泷川一益交战，将其击退。

再者，他们从长岛越过木曾川，进攻尾张的小木江城，将信长的弟弟信兴困于城池中的天守之内，迫使其自尽。这是十一月二十一日的事情。

伊势长岛的信徒在显如的曾祖父莲淳开设"长岛本坊"愿证寺以来，吸引了木曾川、长良川、揖斐川流域居民的归信，形成一大势力。

被河川包围、直面伊势湾的长岛，是一个排除了领主的介入和物品征收的"河内"寺内町。当然，伊势对于日渐扩大势力的织田信长的介入同样是拒绝的。

《信长公记》（卷七）这样记载长岛的地理位置和那里居民的状况。以下引文有些长，但这则史料对于了解当时的长岛在人们心中是怎样的印象，是非常有价值的。

说起来尾张河内长岛这地方，是个众所周知的关卡。此处还有从美浓流出来的河川……山谷的溪流在此汇聚成大河，长岛东北西三面三五里之内，河流环绕几重，南面则面朝大海。堪称四方之关卡，易守难攻。邻国的奸佞小人、凶恶狂徒，俱凭借地利，盘踞在此。他们都尊奉愿证寺。

他们信奉本愿寺念佛修行的道理，既不务本业，又不学无术，一味奢华，生活糜烂。专事俗务，构筑要塞，蔑视官家，违背法度，招聚各地恶人，积蓄武力，蹂躏各地。

《信长公记》的描述与前面提到的对石山本愿寺的评价相同，都称其为据河川地利的不学无术之徒。他们拒绝领主的干涉，被拥有"武家逻辑"的一方视为"无赖"。这样的描述其实自中世以来就持续至今，譬如在永仁四年（1296）写成的《天狗草纸》中，关于"一向众"是这样记述的：

一向众唯称念阿弥陀佛，憎恶念其他佛者，厌弃敬奉神明者……他们身着粗麻衣，不着下裳，念佛时摇头晃脑，群魔乱舞，好似野马一般。吵吵闹闹，跟猴子有什么区别？甚至不遮私处，食物抓来即吃，专门做坏事，实在是要堕入畜生道的。

当然，正如莲如所说"一向宗是时宗①之名，一遍、一向（俊圣）者也"（《帖外御文》），前文提到的"一向众"，应该是指依从一遍、一向俊圣的时宗信徒。但是对社会上普通的人而言，他们和本愿寺信徒没什么两样。因而，莲如很讨厌"一向宗"这个词，坚持强调使用"真宗"这个词。

即便如此，当本愿寺信徒们以国人②、地侍③、名主④为中心，结成"总村"⑤，拒绝守护大名对领地的控制，发起"一揆"时，他们又被叫作"一向一揆"，这反映的是掌权者一方根深蒂固的偏见，他们将其视为破坏体制的恶徒、乱党、佞人。

信长陷入四面楚歌

信长知道了自己的脚步因长岛的起兵而被阻碍，想要阻止尾张信徒势力的中心——富田圣德寺的行动。

圣德寺此时已经向信长赠送了慰劳礼品，以作为臣服的证据。信长在回信中这样写道：

---

① 日本佛教一个宗派，以跳舞念佛闻名。
② 地方武士。
③ 在幕府、守护组织之外，控制着乡村的地方武士。
④ 在村落中具有一定土地经营权和独立性的平民百姓。
⑤ 自治运营的中世村落。

致书圣德寺：

本次本愿寺胡作非为，在各地叛乱时，贵寺不为所动，我甚欣慰。近江之战形势大好，我将顺利返回大本营。然而，贵寺门下，无论男女，若有出海者，必须严罚。贵寺做得非常好，寺院可以存续下去。敬请放心。（下略）

十一月十三日 　　　　信长（花押）

（《圣德寺文书》）

织田信长对于在本愿寺起兵、各地信徒叛乱之际保持恭顺态度的圣德寺非常赞许，并认可了圣德寺的存续。然而不应忘记的是，信长还威胁说，对于圣德寺信徒中出海叛乱者，要不分男女，一律处罚。

织田信兴在小木江城自尽的这天，也就是十一月二十一日，试图打破四面楚歌的局面的信长，与六角承祯达成和议。前一天，他还与筱原长房实现了议和。

两个和议都没有先让本愿寺或近江信徒知晓，而是这群武士们自己的判断。

十二月三日，显如来到比叡山山中的营地，看望了在这里扎营的朝仓义景及其六名部将，并送去了胜利的贺信：

石山本愿寺之战

> 各位前线的将士们辛苦了。每每胜利，可喜可贺。(《显如上人文案》)

同一天，显如还向同在营中的浅井长政送去了书信，希望他不要撤出战斗。他还给浅井久政写了一封同样内容的信。此外，他也给浅井氏部将、佐和山城城主矶野员昌写了封信：

> 你所驻守的城池非常坚固，是重中之重。应早做谋划，好好珍重。(《显如上人文案》)

这是显如首次寄信给他。这与德川家康已接受信长的邀请，越过关原进入北近江的状况不无关系。佐和山是扼守美浓与近江交通的要地。此外，这还与琵琶湖北部地区本愿寺信徒的起兵有关。近江北部的江北十寺信徒已经发兵了。

> 在近江的大 (本愿寺) 信徒发起叛乱，阻断尾张、美浓的交通。这些叛贼不过是些普通百姓，乌合之众，不足为道。木下藤吉郎、丹羽长秀前往进剿，巡回各处之后，事态已基本稳定。(《信长公记》卷三)

六角承祯退出了与信长的战斗，对本愿寺而言，没有这些浅井氏部将的协助，想要封锁住信长的行动是不可能的。

本愿寺与武田信玄结盟的意图

显如寄出来的这些"纸团"，对于浅井氏、朝仓氏与信长之间进行的和谈也是一种牵制。

冬季已至，积雪将使得军队无法行动。对此深感不安的朝仓义景，向将军足利义昭哭诉，于十二月十三日达成了和议，这已经成了定说。

然而据《朝仓家记》，其实是进退维谷的信长紧紧抓住足利义昭，还向朝廷乞求，最终将正亲町天皇的和平诏命请了出来。朝仓一方这才在万般无奈之下同意了讲和。

足利义昭与关白二条晴良为居中斡旋而驾临近江园城寺（三井寺）。信长向二人表明了前面已经提到过的"天下交付朝仓殿（义景），我（信长）再不敢有此奢望"（《三河物语》），并对浅井氏承诺"公家、门迹寺院的政道，今后应仰仗贵国（浅井氏），无误"（十一月二十八日信长朱印状）。

所以真相或许就是，信长为摆脱困境已不择手段，交出誓约，力求和议吧。

石山本愿寺之战

因长久的作战而疲惫不堪的浅井氏、朝仓氏，不得已接受天皇的诏命。虽然有了撤兵的借口，但日后证明，这将是极其丢脸的事情。

十二月十四日，两军从比叡山山麓各自撤兵。虎口脱险的信长，忍受着和议的屈辱与对本愿寺的怒火，总算回到了岐阜。

对这群武士之间的和议，显如非常不满和不安，这是很正常的事情。同一天，显如给甲斐（今山梨县）的武田信玄写了书信。信的内容是对这年七月二十八日去世的信玄的妻子三条氏表示哀悼，并赠送黄金十两为供奉金。三条氏是公卿三条公赖的女儿，也是显如的妻子如春的姐姐，享年五十岁。

借着哀悼妻姐的机会，加深与信玄的关系，以武田氏的势力来牵制信长，恐怕这才是显如的战略意图。就像是旁证一样，次日十五日他又写了封信。在信中，显如对信玄在关东及与越后（今新潟县）上杉谦信的会战中取得胜利表示祝福，同时又说：

> 大坂的形势，尚未见分晓。具体的情况，由长延寺详细来讲。还请尽可能仔细分辨清楚，每事还要仰仗您。（《显如上人文案》）

显如期望能够强化彼此的协作关系。同一天，他第一次给信玄的儿子武田胜赖送去了书信和礼物，意图强化双方的关系。

写给信玄的信中提到的"长延寺"，指的是甲府长延寺的实了。实了被小田原的北条氏康逐出，投身信玄门下。实了以长延寺为据点，作为信玄和本愿寺之间的中介，是信玄利用越中、加贺的本愿寺信徒以牵制上杉谦信的重要人物（井上锐夫《一向一揆的研究》）。

通过长延寺实了，本愿寺与信玄在这十年来保持着良好的关系。现在本愿寺和信长已经开战，显如认为，能和信长正面对决的，除信玄之外，再无第二人。

被船连接起来的伊势长岛与纪州信徒

摆脱了四面楚歌困境的信长，于元龟二年五月十二日，向威胁他卧榻安全的伊势长岛信徒发起了扫荡。

前面已经提到，长岛是在木曾川、长良川、揖斐川汇入伊势湾的地方形成的岛屿。信长为讨伐长岛，兵分三路。信长自己从津岛口，佐久间信盛等人从中筋口，柴田胜家等人从太田口发起进攻。我们只能从信长一方的史料来了解当时长岛的情况，虽然这一史料的质量并不好。《武功夜话》（卷五）这样记载了当时长岛的内部状况：

石山本愿寺之战

　　本次这些一向宗信徒，与桑名表西的别所①相配合，据守长岛本坊（愿证寺）以期谋反，其声势浩大。平民信徒、各地的浪人、品行败坏的无赖之徒，加上地方的武士，男女信徒两万余人固守长岛本坊，深挖壕沟，修筑箭楼，备足枪支、盾牌。又有海上运来纪州的兵粮，岛中有囤积兵员的要塞十余处，人数非常众多。

我们可以看出，长岛的信徒以杉江的愿证寺为中心，本来在长岛岛内，后来又将势力扩大到桑名，甚至纪州的船只也经熊野滩出入长岛。纪州势力之中，据说也包括了本愿寺坊官下间赖旦、下间赖成率领的援军。

此外，根据《北畠物语》，信徒们的反攻是非常强悍的：

　　北伊势长岛附近岛屿上的海盗，与他们狼狈为奸，构筑关隘，举兵造反。他们男男女女都视死如归，不惜性命，无视国主的命令，抢夺各处，大犯恶行。因此，虽然织田军的泷川一益昼夜奋战，但在这群反贼的同心抵抗之下，攻势实在是毫无进展。

---

① 修行者在寺院之外建立草庵，别所就是草庵集中的地方。

信长将北伊势的战局交给了泷川一益，却因长岛信徒与附近"海盗"的勾结而大为苦恼。从《北畠物语》的这段记载中，我们可以看见长岛信徒——也就是这群无视领主命令，被称为"海盗"的渔业、水运从业者们——的真实状况。他们以水运为生，也利用水运将信长好好戏耍了一番。

信长进攻乏术，四日后即十六日下达了撤退的命令，并在长岛西方的太田口遭到信徒们的袭击，信长军大败。氏家直元（卜全）战死，柴田胜家负伤，全军溃败。

信长下令封锁大坂通道

信长军主力在同伊势长岛以及北近江的浅井氏作战之时，石山本愿寺与信长军之间没有发生直接的碰撞。然而，跟随信长一方的摄津、河内诸势力也开始伺机而动了。

这时，应显如的要求，北陆的信徒向大坂不断地输送着兵员和物资。信长为了防止信徒们前往大坂，已在元龟二年（1571）正月下令禁止他们通行。下面这封书信就是向身在横山城，与小谷城的浅井氏对峙的木下藤吉郎下达的命令：

石山本愿寺之战

致书木下藤吉郎：

　　对于从北陆前往大坂的道路上的商人及除此之外的往来者，从姊川到朝妻之间，无论水陆，都要严令禁止通行。对于一般民众，若经仔细查验，确有可疑，可当即处置。

正月二日　　　　　　信长（朱印）

信长命令在北近江的姊川到朝妻之间，将北陆到大坂之间往来的商人等阻隔开来。经询问，一旦发现可疑人员，可立即"处置"，也就是处斩。信中提到"商人"，的确如文中所说在这条道路上有很多商人，但也有很多信徒假扮商人，奔向大坂。

他们贩卖何种商品，又是如何贸易的，这对于了解战国时代的商品流通是非常有意义的，但很遗憾，这封书信中并没有提到这样的内容。

通行封锁的命令得到严格执行，奈良的大乘院门迹门主寻宪的使者也被拦了下来，被迫返回。这事被记载在《寻宪记》中。

再者，朝仓义景派往三好义继处的使者（一位僧侣）也被抓住，被带到京都一条戾桥处以火刑（《年代记抄节》）。

顺便说一下，这年九月，织田信长袭击比叡山延历寺，放火烧山，杀害三千余人，使天下人大惊。然而即便如此，信徒们仍然前赴后继地前往大坂。次年，也就是元龟三年七月，信长在给镇守山城胜龙寺城的细川藤孝的信中说：

　　致书细川兵部大辅：

　　　　我听说，前往大坂的人混在商人里面。此事应仔细调查。若有可疑人员，应立即逮捕，向上级报告。不可大意。

　　　　　　七月三日　　　　　　信长（朱印）

　　　　　　（奥野高广《增补织田信长文书的研究》）

　　果然，扮成商人奔向石山本愿寺的信徒仍然为数众多。

对抗信长"武家逻辑"的民众

　　至于信长如何对本愿寺信徒的寺院的动向保持警惕，有这样一份文书留下来。文书如实地展现了一种"武家逻辑"，即信长作为武士治理天下，和尚们只需乖乖听话即可。

　　致书专福寺：

　　　　本次本愿寺妄图扰乱天下，实在是闻所未闻，毫无道理。总之，对于各地的本愿寺信徒，凡是要去大

坂的，一律阻止。不过，（对于专福寺）应该先设立
"代坊主"（代理坊主）。下属寺院的信徒，限时十五
天，统统驱走。若违背这两条，严惩不贷。

七月十三日　　　　信长（朱印）

（同前）

专福寺是当年亲鸾回京都时，以在木曾川流域收的
"河野九门徒"①为中心建立的寺院，在横跨尾张、美浓
的羽栗郡一带有许多的下属寺院。早早归降信长的富田圣
德寺，就与它隔着一条木曾川。专福寺可通过木曾川、长
良川与伊势长岛往来交通，可以说，二者的位置十分
接近。

信长认为本愿寺的起兵是对自己的背叛，也就是对天
下的背叛。信长抱着这样的"武家逻辑"，严禁自己辖地
内的本愿寺信徒前往大坂；此外，还在专福寺设立代理坊
主，并命令下属寺院，在十五天之内将信徒从寺内驱赶出
去。不听命令者将被处以极刑。

之所以要在专福寺设立代理坊主，可能是因为专福寺
的住持率领河野信徒赶去石山本愿寺了吧。另外，信长命

---

① 净土真宗祖师亲鸾归京途中路过三河，有九个当地人听了亲鸾的说
法而皈依。他们及其后来建立的寺院，都被称作"河野九门徒"。

令下属寺院的信徒统统离寺，这是因为岐阜城附近的羽栗郡一带发生骚乱，信长对此感到十分忧虑。

从这些信长要求禁止通行的书信以及给专福寺的文书来看，我们可以知道信长对于向本愿寺聚集的信徒们的起兵是何等惧怕。

这段时日，如前所述信长与本愿寺并未直接交战。然而，在摄津中岛，信长的同盟细川信良遭到了本愿寺军的攻击。

这是元龟三年八月十八日的事情。本愿寺的坊官下间赖资、下间赖纯父子，以及下间赖廉、下间赖龙等与三好义继一起，向中岛的细川信良发起进攻。细川信良不战而逃，但即便如此仍有大量死伤。

　　八月十八日，大坂军奋起，并与三好协同，同心者一共约两万人出动，攻向中岛城而来。未及接战，（细川信良）便已溃退。死伤者众。　　（《年代记抄节》）

这里记载的是"约两万人"，我们由此可以知道本愿寺至少有两万以上兵力。本愿寺起兵之初有多少兵力并不清楚，兵员中的多数应该是响应显如的檄文从各地聚集而来的。

信长、信玄、显如战术议和之谜

对信长而言，目前的威胁除了各地本愿寺信徒的不稳定动向之外，还有甲斐的武田信玄的动向。信长对本愿寺和武田信玄的同盟非常厌恶，反过来利用它，试图通过武田信玄，要与本愿寺讲和。信长没有直接从武田信玄身上着手，而是借用了将军足利义昭的大旗，让将军直接向信玄下命令。

将军足利义昭命大和淡路守与竹田梅咲轩两人作为使者前往信玄处，向信玄下达命令，要求他催促本愿寺与信长讲和。另一方面，足利义昭也直接劝显如与信长讲和，并告诉他武田信玄会担当居中调解人。

武田信玄接受了将军足利义昭的命令，向本愿寺派去了使节，劝他们与信长讲和。而且，我们可以从显如给信玄的回信中读出信玄所指示的内容：

致书法性院（武田信玄）：

信长与本寺和解一事，将军派了使者过来。信玄指示，对此应倾尽全力。我们与信长有深重的宿怨。然而，对方不可有失公平，擅自使用不当的伎俩。因此，具体情况由我们的使节跟您详谈。具体

细节由（下间上野）赖充法眼转达，不再赘述。诚
惶诚恐。

　　　　　　　　　　九月十日

○信玄那里送来了一封大致的副本。

　　　　　　　详细内情就是这样。

文末的符号○以后的内容，是本愿寺写进去的。这封
回信是完全按照信玄所指示的文书的内容所写的。而且，
因为里面说还有详细的内情，这说明议和无非是为了照顾
武田信玄和足利义昭的面子，并非本愿寺内心真正所想。

这时，将军足利义昭与武田信玄的斡旋是否能够带来
和平，尚未可知。信长十一月十八日给本愿寺送去的书信
中，提到了他拜领天下知名的茶器"白天目"一事，据
此谷下一梦推测，这一年，也就是元龟三年十一月间恐怕
双方已经达成和议了（《显如上人传》）。

然而，井上锐夫则认为，本愿寺向信长赠送"白天
目"是次年天正元年的事情。这是从当时的局势以及越
前大町的专修寺贤会的《贤会书状》中所看出来的（《一
向一揆的研究》）。

就在此后的九月，信长强行向作为调停当事人的将军
足利义昭甩出"异见十七条"，剥夺了他作为将军的
权威。

此外，武田信玄也在十月从甲斐府中出发，经过骏河（今静冈县中部），向三河（今爱知县东部）、尾张进军。可能议和谈判在进行过程中就被放弃了。西进的武田信玄，在十二月于远江（今静冈县西部）的三方原大破信长的盟友德川家康军。

赠给近江坚田的"黄金三十两"

随着信玄的进军，近江的情况越发紧迫。显如告知朝仓义景，武田信玄应"远三尾浓门下之辈"，即远江、三河、尾张、美浓的本愿寺信徒的邀请出兵，取得了三方原之战的大胜。

此外，他还在信中讲述了在伊势长岛、美浓岐阜的三里新筑的要塞发生的战斗状况，以及越中、加贺的本愿寺信徒在与信长的盟友上杉谦信作战中的表现。北近江的信徒已经与浅井长政协作投入了战斗，他邀请朝仓义景也配合武田信玄一同出兵（正月二十七日，《显如上人文案》）。

根据显如的这封书信，远江、三河、尾张、美浓的本愿寺信徒正与武田信玄共同作战，近江的信徒也协助浅井长政与信长战斗。因此，本愿寺在武田、浅井、朝仓的军事同盟网络中处于中心位置。

显如称赞了协助浅井长政，在近江志贺郡与信长军作

战的坚田慈敬寺证智及其麾下的信徒，并将慈敬寺提升到
"院家"的等级，并命令将这些不惜性命英勇奋战的信徒
名字记录下来，同时，还赠予"黄金三十两"（二月十三
日、十四日显如书状，《慈敬寺文书》）。

本愿寺给慈敬寺的"黄金三十两"，按照现在的水
平，相当于五百万日元。依靠信徒们的奉献才得以维持的
本愿寺向信徒提供大量的军费，其实是非常少见的。或许
是因为坚田自去年以来就已投入战斗，如今依靠自己的力
量已经无法负担军费开支了吧。

将军足利义昭已经与织田信长不和，也和本愿寺、武
田信玄、浅井长政、朝仓义景结盟，于二月二十六日让三井
寺的光净院暹庆起兵了。光净院暹庆纠集近江信徒，占据大
津石山和今坚田。这时，虽然三井寺附近的大津近松显证寺
动向不明，但这一带已经形成了反信长势力，背弃了之前对
信长的臣属。这当然是为了保护寺内町的安全而采取的策略。

信玄之死、义昭起兵与幕府的灭亡

二月十日，武田信玄攻陷三河野田城的消息，使得本
愿寺、将军足利义昭、浅井长政狂喜，反信长统一战线大
为振奋。浅井长政等人在一封落款为二月十六日的书信中
说，无论何事都要与武田信玄商量，本愿寺切不可擅自向

信徒们下达指示，越过反信长统一战线采取行动。

然而，在攻下野田城之后，武田军的势头突然变缓了。几乎所有人都认为武田军会越过三河，进攻尾张或美浓。可是，武田军不仅没有西上，反而开始缓慢地调转方向朝信浓撤退。事实上，在进攻野田城的时候，武田信玄就已经身患重病，身体越发虚弱。

对信玄的西进毫不怀疑的足利义昭，于三月六日抛下了杀兄（足利义辉）之仇，与河内若江城主三好义继和大和多闻山城主松永久秀结盟。七日，又将信长留在他这里的人质遣返，表明了自己与信长决裂的态度。

另一方面，信长判断武田信玄将不再西进，遂迅速进入京都，包围二条城内的足利义昭，大肆掠夺上京一带并放火烧街。虽然二人在正亲町天皇特使的调停下议和，足利义昭却深信武田信玄会西进，对本愿寺、浅井氏、朝仓氏的同盟坚信不疑，于是再次为了打倒信长而蠢蠢欲动。然而四月十二日，武田信玄在信浓伊那的驹场病逝，享年五十三岁。

虽然武田氏在信玄死后三年里秘不发丧，但这个月底，信玄去世的消息就已经传到了越后的上杉谦信那里。不过，这个消息一直无法得到确认。上杉谦信确认此事是在六月下旬。当然，足利义昭也好，本愿寺也好，并没有收到信玄去世的消息，因武田信玄不再西进，他们便对信玄产生了不信任感。

静静伫立在三河野田城城址上的石碑

武田信玄

上杉谦信

石山本愿寺之战

足利义昭向本愿寺和朝仓义景要求确认同盟的稳固。对此，显如因为武田信玄不进攻美浓、朝仓义景不出兵近江，而对二人抱有怀疑。他在书信中这样写道：

致书一色藤长：

将军您的书信，我已经仔细拜读。然而，现在武田信玄、朝仓义景陈述之事，实在不知何故。将军您为平定天下，应当有所指示吧。我在此向您报告，必当遵从您的指示，不会怠慢。诚惶诚恐。

五月二十三日

〇使节为一色藤长，另有我方上野法眼（正秀、下间赖贤）作为副使陪同。

（《显如上人文案》）

本愿寺回信说，绝不怠慢将军的旨意，如果有将军的指示，必当遵从。反信长统一战线的各方势力现在动向不明，本愿寺希望再一次以将军为中心，将同盟团结起来。

然而本愿寺仍然认为反信长统一战线的主体是以将军为首的武家。本愿寺自认为是促成武家势力结合在一起的角色，也就是武家与本愿寺信徒之间联结的纽带。

将军足利义昭于七月三日在山城（京都府）宇治的槙岛城再次起兵。这时，河内的三好康长、游佐信教，纪伊的根来寺也呼应将军起兵，大约有三千七百人在槇岛城会合。当然，足利义昭向本愿寺也发出了起兵邀请。

不过，本愿寺担心将军足利义昭的起兵并未得到浅井、朝仓乃至武田的协助。

显如写道："曾我常陆介（将军的使者）来了，要求本寺出兵"，"前方（槇岛城）无疑还是要慎重"（七月十日致书一色藤长，《显如上人文案》）。他在委婉地告诫将军慎重考虑槇岛城的起兵一事之后，献上了太刀和战马。从此事可以看出，或许本愿寺并未向槇岛城派去兵卒。即便是派了，也不过是像把坊官平井越后作为使者派去一样，只是表面功夫而已。

信长听闻足利义昭起兵，当即从岐阜出发，乘坐当日准备的大船渡过琵琶湖，七日进入京都，使二条城守将三渊藤英投降。信长还进一步包围了宇治槇岛城。

十八日，足利义昭交出未满一岁的嗣子义寻为人质，向信长投降。好不容易才保下一条命的足利义昭，在三好义继的河内若江城苟活下来。此后足利义昭被木下秀吉押送京都，被嘲讽为"贫穷将军"，遭到流放（《信长公记》卷六）。于是，以将军足利义昭被流放为标志，室町幕府灭亡了①。

———————————

① 事实上，在足利义昭被逐出京都之后，朝廷并未解除他的官职，他仍然以将军的身份进行政治活动。

朝仓义景的女儿成为教如的妻子

七月二十八日，根据信长的请求，年号由元龟改为天正。如今，室町将军已经不存在，武田信玄也已死去，信长总算摆脱了危机，为了和旧时代诀别，向天下昭示自己的权威，信长选择了改元。天正这一年号背后深刻地反映了信长的意向。

这时信长直面的敌人，是北近江的浅井氏、越前的朝仓氏，以及身边伊势长岛的本愿寺信徒，还有就是石山本愿寺。

八月一日，信长从岐阜发兵，意在将浅井、朝仓一举剿灭。朝仓军虽已自越前出兵，但战意全无，十二日，信长军向朝仓军发起突袭，朝仓军大溃退。

信长军从敦贺越过木之芽山口，向着逃往越前的朝仓义景追击，没用多少时间，就已平定越前。逃往大野的朝仓义景，遭到族弟朝仓景镜和平泉寺僧众的背叛，在大野山田庄的贤松寺自杀，年仅四十一岁。

朝仓义景的两个女儿向加贺逃去，姐姐出家为尼，妹妹呢，正如史料记载所说，"河合乡一个叫八杉木兵卫的，带了一个稚儿到大坂去，现在门迹（教如）的妻子，就是朝仓义景的女儿"（《朝仓始末记》）。按照先前的约定，她做了显如的儿子教如的妻子。

然而，朝仓义景的女儿是什么时候成为教如妻子的，他们的夫妻关系维持到什么时候，何时去世，何时分离，都完全没法知道了。教如在天正八年八月二日退出石山本愿寺之时，按照江户时代净土真宗书籍的说法，两人"大约是分开了吧"（《集古杂编》下），"教如的妻子逃到安艺佛护寺去了"（《金镝记》），完全是下落不明了。

顺便说一下这位教如，可能是在与朝仓义景的女儿离婚之后，他又迎娶了大纳言家的久我通坚的女儿（东之督、清福院），但后来也离婚了。这次离婚或许与教如的爱妾"阿福"（教寿院）有关。此事让教如的母亲如春大为震怒，也成为教如被驱逐出本愿寺的间接原因（谷下一梦《本愿寺教如上人内室考》，《增补真宗史的诸研究》）。

言归正传，平定越前之后，织田信长任命原朝仓氏旧臣前波吉继（桂田长俊）为越前守护代，将朝仓氏原来的根据地一乘谷交与他，并将府中城交给富田长秀，委任他统治越前。

这一人事安排原本是对付越前本愿寺信徒的怀柔之策，没想到却适得其反。四个月后，越前的信徒们与富田长秀联合，攻杀桂田长俊，之后富田长秀也被杀了，越前和加贺一样都成了本愿寺信徒们控制之地。

织田信长对越前做出妥善安置，以牵制加贺的本愿寺信徒，解除了后顾之忧。信长于是才派兵攻打北近江，将小谷城的浅井久政、浅井长政父子消灭。此时，浅井长政的妻子、信长的妹妹织田市将自己的三个女儿茶茶、初、江救了出来。

第二次进攻伊势长岛的失败

信长将面前的敌人一个个扫荡殆尽之后，于九月二十五日，再度向长岛发起进攻。本愿寺也知道了信长的动向。显如尽管已经得到了武田信玄去世的消息，却仍在九月二十一日给武田胜赖的信中，既对胜赖也对信玄表示祝贺，祝贺武田胜赖接任家主之位。

并且，显如询问信玄"远三的准备如何了"，婉转地提出向远江、三河出兵的要求，"江北、越前及畿内近国等地的情况越来越糟糕了"，他对浅井氏、朝仓氏灭亡之后的北近江和越前的信长势力的扩大深感忧虑。由于信玄之死的消息还没有正式发布，所以显如在信中仍然对信玄谨守礼仪（《显如上人文案》）。

虽然信是否送到并不清楚，但我们从这些书信中的词句也可以看出，本愿寺为了对抗信长出兵长岛，期待着武田军能够出兵干涉。最终，武田军并没有出兵。面对信长军的攻势，长岛的信徒们毅然决然地走上了战场。

信长将主力调向伊势的桑名方面，进攻西别所周边的本愿寺信徒，并使北伊势的信徒们归顺于他。信徒们和被称作"海贼"的海上势力一同逃往长岛。

信长为了讨伐长岛，试图强征船只，然而遭到伊势大凑的会合众的强烈抵抗，被迫放弃进攻长岛。信长反省之后，在次年再度进攻长岛之前，自行调配兵船，采取了围歼长岛的战法。

信长征服北伊势，却不能攻入长岛，在十月二十五日下达了撤兵命令。得到消息的本愿寺信徒在养老山中的多艺山埋伏，攻击信长军的尾部。

在狂风暴雨之中，遭到突然袭击的信长军被击溃，殿后的织田家首席家老林秀贞之子新次郎等部众战死，信长这才总算撤回岐阜。于是，信长的第二次长岛攻势，再度以屈辱的失败收场。

信长成功地控制了一个个寺内町

虽然长岛攻势失败了，但信长已经消灭了浅井氏、朝仓氏，其势力在畿内地区大为扩张。信长派家老佐久间信盛前往河内，以压制石山本愿寺。

此时寄身于河内若江城的三好义继处的足利义昭判断，要想对抗不断膨胀的信长势力，唯一可以依靠的就只

石山本愿寺之战

有控制着中国地区①十国的安艺（今广岛县）毛利氏了。

足利义昭试图到安艺去投奔毛利氏，然而毛利氏不愿意因为前将军的到来而与信长陷入全面对决的局面，于是派遣安国寺惠琼为使节，把足利义昭拦了下来。惠琼是被毛利元就消灭的安艺守护武田氏的遗孤，也是京都东福寺的禅僧，作为京都诸势力与毛利氏之间的外交僧为毛利所用。

惠琼根据毛利氏不愿直接与信长为敌的方针，认为把足利义昭送回京都去是最好的选择，遂与信长展开交涉。信长虽然接受了足利义昭回京的请求，但是因为足利义昭要求信长派出人质，交涉遂陷入停滞，最终决裂。

这段时间，安国寺惠琼打量着信长、羽柴秀吉、朝山日承几位谈判对手，首先，令惠琼震惊的是，在信长这里有朝山日乘这么一位老奸巨猾的外交僧，他先是被朝廷任用来与信长进行交涉的，最后却做了信长的外交僧，与惠琼自己如出一辙。此外，惠琼还对羽柴秀吉给予了最高的评价，认为他"是个了不得的人物"。

至于信长，他认为信长如日中天的势头已能射落飞鸟，还成了公家，数年间恐怕都是信长的时代了吧。"然而此后，恐怕爬得高，摔得重。"（《吉川家文书》）这句

---

① 指日本本州岛的西部地区。

著名的话预言了信长出人意料的死亡。惠琼正好准确预测了十年之后的本能寺之变。

惠琼的交涉以失败告终，无路可走的足利义昭离开若江城前往堺，最终在纪州由良的兴国寺落脚。我们不清楚交涉期间本愿寺处于怎样的立场，或许被排除在毛利、前将军、织田这些武家势力之外。

足利义昭离开若江城之后，据守此处的三好义继，在佐久间信盛的攻势下自杀，三好氏的嫡传一脉到此终结。势头高涨的织田军，席卷河内，压制了堺郊外以长曾根善龙寺为中心的寺内町。另外，织田还向善内寺的大塚寺内町下发了禁令告示，以保障寺内町的秩序。

大塚是夹在石川的支流梅川和浦川之间河岸斜坡上的天然要塞。

最初，这里是根来寺的据点，因为善念寺（显证寺）成了本愿寺的下属寺院，这里也获得了寺内町特权。大塚附近的大伴，也在石川和千早川的交汇处，作为"大伴道场"获得了寺内町特权。再者，石川左岸以兴正寺为中心的富田林，被称作"大坂并"①，与石山本愿寺一样获取了寺内特权。然而，由于信长一方势力的扩张，其寺内特权逐渐被剥夺，寺内町的经济、交易权获得了信长的

① 享受与大坂同等特权的下属寺院、寺内町。

保护，富田林渐渐被编入信长经济圈的一环之中。如前所述，信长面对在他的武力面前屈服的寺内町，为掌控其经济实力，对其采取保护的政策。

不过，一旦情况有变，信长的势头转弱，这些寺内町又会投向本愿寺，信长的势力若再度强盛起来，他们则又回到信长伞下，就是这样反复无常。这是在战国时代民众保护自己的生存智慧。

信长与本愿寺的暂时和议

本愿寺在河内与和泉遭到信长压制，日益被逼上穷途。不知是不是这个原因，本愿寺与信长之间达成了和议。我们并不知道究竟是哪一方先提出议和，也不清楚究竟是谁在居中调解，或许是武田信玄的去世，浅井氏、朝仓氏的灭亡，以及将军足利义昭的被逐这一系列的变化，使得被卷入其中的本愿寺率先主动地开始了活动吧。

本愿寺首先向信长赠送了著名的茶器"白天目"，向信长致以问候，此事在十一月十八日织田信长给本愿寺的书信中可以知晓：

回信本愿寺：

华翰已拜阅。收到您赠送的白天目。如此著名的

珍品，早就想一睹为快。今后必将珍惜此物。您诚意
之至，甚为恳切，我必当遵守所定的条目，与您无半
点隔阂。具体情况由大坂肥前法桥转达。诚惶诚恐。

　　　　十一月十八日　　　　　　信长（黑印）

　　不知信长是想尽早让世人知道和议的消息，还是因为
得到了著名的茶器而得意扬扬，仅仅五天后，信长便在京
都妙觉寺的茶会中向人们展示了他的茶器。

　　这次茶会的出席者中，有大和今井出身、本愿寺的实
力派信徒今井宗久（《宗及他会记》）。今井宗久因为成功
让堺的会合众归顺了信长，立了大功，深得信长的信任。
此外，他也时不时地出席本愿寺的茶会，可以说是一个在
本愿寺与信长之间平衡协调二者意向的角色。

　　天正三年（1575）讲和的时候，今井宗久在信长与
本愿寺之间来回奔走［《惟任（明智）光秀书状》，《称
念寺文书》］，那时的讲和条件中有一条是保证本愿寺的
平安，保障本愿寺信徒参拜石山的道路的通畅，这两点被
写在告示牌上立在京都，然而仅仅三天，告示牌就被撤走
了（井上锐夫《一向一揆的研究》）。

　　这次的和议也不过是表面文章，仅仅是两者为了调整
部署而争取时间的策略罢了。

第四章　长岛溃灭

——信长的"斩草除根"作战的意图

　　长岛之事令人意外，杂兵四散遁去，全乱了套。情况在预料之外。听闻城中男女饿死者出乎意料之多。敌营的破绽到处都是，近日恐怕终将开营投降。

　　（天正二年七月二十九日，信长致明智光秀书信）

信长的真言宗立川流与越前
本愿寺信徒的动向

天正二年（1574）正月初一，岐阜城的织田信长将三个涂漆镀金的骷髅摆在面前，庆祝织田家的前程。这三个骷髅分别是朝仓义景、浅井长政、浅井久政的头颅。据说信长以骷髅为酒杯饮酒，但事实上，他并没有做出这样无礼的举动。中世非常流行的真言密教立川流秘法认为，如果将涂漆镀金的骷髅（本来应该是将男女交合的爱液涂在骷髅上）祭祀七年时间，到第八年骷髅中的灵魂就会苏醒，赐予人神通之力。

真言宗立川流被正统真言宗视为邪教、淫教加以否定，但作为民间信仰流传开来，祭祀骷髅、供养灵魂的习俗得以保留下来。

信长可能也是期望通过祭祀他们的灵魂获得神力。虽不知自称"第六天魔王"的织田信长是否将自己性交的爱液涂在了骷髅上，但信长这样一面走在时代前列，一面又相信着民间信仰的矛盾，反而使得信长这个人物十分有趣。顺便一说，八年后，信长开始自称为"神"（路易斯·弗洛伊斯《日本史》）。然而，本愿寺的势力依然挡在庆贺前程的信长面前。越前的本愿寺信徒叛乱了。

一直以来对武家的控制感到厌恶的越前信徒，与府中城主富田长秀联合，袭击一乘谷的越前守护代桂田长俊（前波吉继），将其杀害。这是正月二十日的事情。信徒们乘胜进军，将北庄的明智光秀等人驱逐出去，从加贺的金泽御坊叫来了本愿寺的坊官七里赖周，让他做了大将。

信徒们意图将投向信长一方的武家势力一扫而尽，又铲除了以朝仓景镜为首的武将，包括之前与本愿寺信徒结盟的富田长秀在内，平定了越前全境。

四月，再度起兵的本愿寺将若林长门守送往越前治罪，又任命家臣下间赖照为守护代，驻守丰原寺，下间和泉守为足羽郡司，驻守北庄，杉浦玄任为大野郡司，驻守一乘谷，并派七里赖周驻守府中，以展开对越前各地的统治（《朝仓始末记》六）。然而，地方的武士和信徒们却认为本愿寺的直接统治与信长并没有什么不同，他们对繁重的租税劳役十分不满，矛盾越发激化，最终将刀刃朝向了本愿寺的坊官们。

且说，上一年十一月本愿寺打破和议起兵，虽与越前的动向密不可分，但也与三月二十七日信长率三千兵力南下奈良、进入松永久秀的多闻山城有关。信长之所以奔赴奈良，是为了"闻香"，他切下名香"兰奢待"的一块而归。

名香"兰奢待"自从圣武天皇的时代被带到南部以

来，一直被视作天皇家的宝物，没有天皇的旨意，想要截取多小一块都是不可以的。武家被允许取得"兰奢待"，除了没有留下正式记录的足利义满和足利义持（《满济准后日记》），真正获得许可的只有足利义政①一人而已。织田信长获得天皇的许可，切取"兰奢待"，意味着他已获朝廷承认，达到了与足利将军同等的地位。信长截取"兰奢待"，焚了香。

然而，本愿寺却觉得信长率军前往奈良的行为是志在石山的佯攻作战。本愿寺此时已经收到了身在纪州由良兴国寺的足利义昭的书信，劝他们为了自己返回京都，与信长力战。这样的书信也被送往了武田胜赖、上杉谦信、北条氏政等人处。

以显如为首的本愿寺首脑们觉得这是一个与信长断交的好借口，遂在信长着手进攻之前率先起兵，加强了石山本愿寺周边川口、楼之岸、木津、难波、野田、福岛等要塞的守备。

四月二日，本愿寺军攻陷了信长一方的中岛城。三好康长、游佐信教背叛信长，与本愿寺相呼应，占据河内高屋城。得知本愿寺起兵消息的信长，命细川藤孝、筒井顺庆攻击高屋城，并在住吉、天王寺附近放火，在割掉石山

---

① 足利义满、足利义持、足利义政都是室町幕府的将军。

周边的农作物之后，下令撤退。这时，信长并没有出战。

在这前后，越后高田本誓寺的超贤，带着三十个年轻信徒去本愿寺，献上了大米一千五百袋。此外，越中射水郡信徒则送来了大米一百五十石。由于越前与加贺都已经被纳入本愿寺的控制之下，本愿寺想要从北方调配人员和兵粮就变得容易了。

长岛被大量战船包围

六月二十三日，信长亲率三万余大军，出兵尾张津岛，与长岛隔岸对峙。已经两度进攻长岛失败的信长，做好了谨慎的准备，乃至带着一丝畏惧，发起了最后的决战。

信长的作战计划，是要完全包围长岛，困死、耗死敌军，将村落一个个地铲除。信长已经将从尾张热田到矢田川原的四十多町如铁桶般封死，防止本愿寺信徒赶来支援长岛。此外，在伊势桑名方面，信长已让泷川一益及木下秀吉的弟弟木下秀长在西别所附近驻守了将近一年时间，将长岛与大坂的本愿寺之间的交通完全切断，防止物资流入。

对于信长而言，最为头疼的是信徒们与石山本愿寺一样肆意航行的能力。石山本愿寺利用淀川、大和川，将海上而来的物资和人员运输进去，长岛的信徒们也在伊势湾及木曾川、长良川、揖斐川等河川肆无忌惮地航行。这些可以被称作长岛水军的力量，一直给织田军造成沉重的打击。

为了封锁长岛水军，信长除了尾张的船只之外，还发动了泷川一益的伊势水军，以及以志摩为根据地的九鬼嘉隆的九鬼水军，将其置于次子织田信雄的指挥之下。这些战船，加上被称作"安宅船"的大型船，共有六百多艘。

长岛的信徒们则以愿证寺为中心，在长岛全境十六处的要塞布阵。其兵力不明，但根据后来两万多人被烧杀的情况来推测，应该在三万人上下，其中许多是女人和小孩。

织田信雄　　　　　　　　九鬼嘉隆

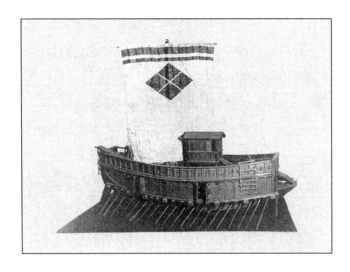

被称为“安宅船”的日本水军军船模型（信松院藏）

信长下令对自由贸易民“斩草除根”

长岛的居民大多因亲鸾、莲如提倡的念佛联合在一起，视石山本愿寺的宗主显如为继承亲鸾血脉的“在世佛”。然而，他们不是因信仰而与信长发生对立的。他们是河川及周边地区生活的船夫、渔夫、商人、工匠，中世以来，他们具有不被任何人支配，开展自由贸易的特权。

因此，领主们蔑视他们为“奸佞暴徒”。根据《信长公记》，信长对长岛的信徒们也持蔑视态度，这是因为他试图控制信徒们居住的"河内"的地利及贸易。对信长的统治展开彻底反抗的正是长岛、近江和越前的信徒，以及石山本愿寺。

面对织田军的进攻，长岛一方首先在小木江及松之木展开防御战，因为制海权已为织田取得，在对方压倒性的攻势之下，长岛一方很快败下阵来，退入各处要塞。

桑名方面，在织田信雄率战船进攻大野口的同时，伊势湾的水路也被封锁。无论是试图逃跑还是投降之人，织田信雄尽数斩杀。这也能看出，按照信长的指示，本次的长岛攻势一开始就是"斩草除根"之战。

信长将大本营从津岛移到五妙（五明），并越过木曾川，进军到殿名前线指挥。封锁网日渐收缩，长岛一方被迫退守到大鸟居、筱桥、屋长岛、中江、长岛（《信长公记》，《信长记》中记作"大鸟居、筱桥、加路户岛、大岛、中江"）的五处要塞中。

七月十日，对这些要塞的包围完成，信长首先下令进攻筱桥和大鸟居。织田军使用一种叫"大铁炮"的类似于大炮的武器，对要塞的围墙和望楼狂轰滥炸，给予守军极大的震撼。

终于，苦于猛烈攻势和粮食不足，筱桥、大鸟居守军提出投降。然而信长拒绝了他们的乞求。信长要他们饿死，以达到"斩草除根"的目的。

七月二十三日，信长用书信告诉家臣河尻秀隆："纵使长岛的叛乱者如何乞降，此刻也务必要斩草除根，不可赦免他们的罪责。"（奥野高广《增补织田信长文书的研究》）"斩草除根"，显示了信长要将他们全部杀尽、使之灭绝的决心。这时，河尻秀隆正与荒木村重一同朝着石山本愿寺进军，进攻摄津的中岛城。

在这封书信中，信长说"我虽然在这边督战，但心中挂念的都是那边的局势"，他身在长岛，却只对石山本愿寺的战况十分关心。长岛的攻略战不过是进攻本愿寺的战役的一部分罢了。

紧盯石山本愿寺的长岛进攻

织田信长在七月二十九日给布阵于京都鸟羽附近的明智光秀下达命令：本愿寺若突然越过淀川攻来，应立即应战。

信长担心在织田军主力集中于长岛之际，本愿寺一方的三好康长和游佐信教会席卷摄津、河内，同时本愿寺会向长岛派出援军。这封给明智光秀的书信说，兵粮断绝的筱岛和大鸟居在三四天内就会被攻陷。这就是本章开头所引用的内容：

　　筱岛、大鸟居也顺利攻陷的话，最终目标长岛的结局也会一样。长岛之事令人意外，杂兵四散遁去，全乱了套。情况在预料之外。听闻城中男女饿死者出乎意料之多。（同前）

事实上，大鸟居是在八月三日陷落的。据守大鸟居的本愿寺信徒，在前一天即二日晚间，冒着强风暴雨，悄然撤出。

柴田胜家发现这一动向后迅速追了上去，斩杀男女千余人，此事记载在《信长公记》（卷七）中。《信长记》（卷第七）记载说，男女两千余人被斩杀，他们的耳朵鼻子被割下来，装在船上运到长岛。

信长又在八月三日给布阵于摄津的细川藤孝的书信中说：

　　据守的叛军已崩溃，追击之时，所获首级甚多。长岛已是山穷水尽，现在应该继续一鼓作气，战斗不日将结束。（同前）

信长在信中提到大鸟居的众多信徒被斩首，甚至还在接下来的书信中告诉细川藤孝，五日石山本愿寺也会与长岛一样面临"斩草除根"的处境。

南方（摄津、河内）的叛乱，据说我方也有人参与其中，此事不实。即便敌军败退，无论何时，都要继续对其发起攻击，重要的是要对大坂"斩草除根"。具体事宜，应与明智光秀好好商量，此事最为关键。尾张、伊势发生叛乱，把他们一个个搜出来，尽数铲除。我军向长岛一城北面进发，渐渐收缩包围圈，步步紧逼，现在听说城中兵粮已经不足。攻陷敌城的时日已经不远了。这边的战役结束之后，我就到京都来，收拾石山本愿寺。（同前）

信长在信中说，要将大坂"斩草除根"，并命令将响应长岛的尾张、伊势叛乱者斩尽杀绝。这时的信长，对受本愿寺指示而叛乱的信徒们制订了全部"斩草除根"的作战方针。

织田信长之所以对本愿寺信徒们的反叛制订了"斩草除根"的方针，是因为这些并非武士的民众，特别是石山本愿寺门下的老百姓，阻碍了信长"天下布武"（以武力制伏天下）的战略规划。信长在实施"天下布武"战略之时，出来阻止的，正是各地的信徒势力。

武家的逻辑视其为"奸佞暴徒"，把他们看成是需要"斩草除根"的对象。然而，正如后面所讲，长岛虽乞和却未被允准，终遭屠戮殆尽，越前的信徒势力也惨遭屠杀，而已处于信长控制之下的近江湖北信徒和居住在石山本愿寺的寺内町的居民，最终却在本愿寺退出石山之后保全了性命，未遭"除根"的厄运。

譬如说，近江守山的金森，自道西房善从皈依莲如念佛、创建金森道场（善立寺）以来，就成了稳固的信徒据点。金森及其周围一带的信徒，时而与六角承祯父子联合，时而在本愿寺的指令下与信长刀兵相见。

然而信长在元龟三年九月，在金森设立"乐市、乐座"，免除全部税赋，禁止"国质""乡质"①的抵押行为，并命令中山道上运输的物资不再存放在守山宿，而是送往金森的市场（元龟三年九月致金森书信、信长书状，同前），对金森的权益加以保护。面对曾与自己刀兵相见的金森居民，信长非但不杀他们，反而保护他们。这是因为信长看中了金森作为交通要地的位置和金森市场的经济实力。

这和第一章讲过的石山本愿寺的位置及经济条件是一样的。因此，金森居民的生命安全得到了保障。

被屠杀和幸免一死的信徒聚居地的区别所在

那么，为什么长岛的居民即便乞降却仍被"斩草除

---

① 国质，指在借贷方无法偿还的情况下，债主强制没收借贷方同国人财产的行为；乡质，则是强制没收借贷方同乡人财产的行为。

根"，最后越前的信徒也惨遭屠杀了呢？

屠杀是对掌握着他们信仰的石山本愿寺以及各地起兵信徒的一种示威和恫吓，这一点自不待言。

元龟二年（1571）九月，信长进攻比叡山延历寺，将全山殿堂一烧而尽。僧俗三千余人悉数被斩杀。之所以如此，是因为前一年秋天，在石山本愿寺的起兵与浅井氏、朝仓氏的近江攻势之下陷入困境的信长，曾向延历寺提出"中立""勿与敌军协作"的邀请，却被拒绝。信长这才要将延历寺及住在那里的人们一律屠杀。

信长的这一行为，既是为了报前一年的一箭之仇，也是为了向天下展示自己的武威，或者是想通过将中世以来担当"镇护国家"重任的延历寺一举抹杀，以"取而代之"。

不过，信长袭击延历寺，是因为延历寺在以近江为中心的各地有大量领地，这成了妨碍信长控制地方的元凶。消灭领主延历寺，就可以控制其领地。信长大概就是因此把延历寺视作眼中钉的吧。此外笔者认为还有一点，通过控制延历寺支配下的坂本，可以掌握琵琶湖的海运之权。

通过这些例子我们看出，信长大量屠杀的背景中包含着现实的战略，即是否能够制伏并控制其地区、居民，以及是否能很好地运用他们的势力。

这样我们就能明白信长歼灭长岛、屠杀越前信徒的缘由了。对已将伊势、志摩（今三重县志摩郡）的海运能力置于麾下的信长而言，根本称不上良港的长岛，反倒是从伊势湾到尾张、美浓贸易的障碍。

此外，对于想要在加贺（今石川县南部）、越中（今富山县）、越后（今新潟县）扩张势力的信长而言，残存在越前的信徒势力，简直是随时可能从背后杀出来的潜在威胁。因此，信长试图将越前和长岛的信徒都杀尽。

话虽如此，我们绝不是要容忍信长的残暴行为。信长将僧侣们轻蔑地视为"长袖者"，把寺院周边的"寺内町"中居住的人们看成是不遵守武家法度的体制外人员，这种中世以来根深蒂固的歧视观念被长期继承下来。我们通过信长的行动也可以看出来这一点。

让显如不安的长岛"斩草除根"行动

之后，长岛的惨状可以说如实地反映了信长的战略和意识。大鸟居溃灭之后的八月十二日，已经承受两个月的围困、饿死者不断增多的筱岛提出投降。然而，信长拒绝了他们的投降，将筱岛的信徒追赶到长岛、屋长岛、中江三处要塞中。其目的是增加据守者的人数，让他们的粮食早早耗尽。

长岛的粮道已被切断，饿死者接连不断，当中甚至开始有投河自尽者。八月十七日，信长致书细川藤孝，自信满满地告诉他长岛将于近日平定的消息。

> 在筱岛陷落之后我们步步紧逼，长岛的防御不过是江河之间相隔的一层罢了。长岛一方变了脸色，来我们这里道歉乞和。然而，为了完成我们紧急的要事，我没有答应。这是为了让大坂的和尚（本愿寺显如）发愁而做出的决定。这样，（本愿寺的起兵）在任何地方都将失去效力，我方就可以施展策略了。（同前）

筱岛陷落之后，信长一方的攻势越发凌厉，长岛的防守仅剩下河川与海之间的一层而已。长岛几番乞和，但为了全歼他们，信长没有答应。据说本愿寺为此事十分困扰，倘若信长攻下了长岛，对诸方施展的策略也就可以成功了。

面对长岛的事态，显如并非束手无策。为了拯救长岛，他向甲斐的武田胜赖请求援军。武田胜赖在六月的时候攻下了远江的高天神城，势头正盛。

八月二十四日，武田胜赖的书信送到，信中说他今日将出兵尾张、三河，但最终他并没有出动。武田氏与本愿寺的同盟，其实在武田信玄去世的一刻就已经自动瓦解了。

骸骨如瓦片般铺开

九月，长岛陷入了绝境。饿死者急速增加。二十五日，长岛终于弹尽粮绝，在信长面前屈服了。信长以守军全部退城为条件，批准了他们的乞求。二十九日，长岛的众多信徒投降，乘船而出。经过三个月的坚守，虽然所有人都已经瘦弱疲敝，但他们终于迎来了自由，脸上无疑洋溢着喜悦的神情。

可是，在船靠岸之前，埋伏在堤岸上的织田军火枪队，朝他们一齐开火。加上弓箭队，枪箭的数量达到三千支（《信长记》卷第七）。毫无还手之力的信徒们惨遭射杀，上岸者也全被斩杀。这完全是一场骗局，也是毫不留情的屠杀。

愤怒的信徒七八百人在没有任何武器的情况下朝手持尖刀的织田军杀了过去。在这场绝地反击之中，信长的兄弟信广和秀成战死，其叔父津田信次及部下接连殒命。杀开一条血路的三百余人，冲入织田军的小屋，在这里重新做好准备，朝多艺山、北伊势口方面四散逃去，据说他们最终逃到了大坂的石山本愿寺。

据守在屋长岛和中江的人们还将迎来更残酷的对待。屋长岛和中江要塞之外有栅栏重重包围，一只苍蝇也飞不出去。因此，信长下令在四面放火，将他们活活烧死。据说死者有男女两万人。凄惨的屠杀之后，长岛被划在泷川一益的支配下。在长岛驻军一个月左右的木下秀吉部下前野长康写道：

> 岛内是数千具骸骨，骸骨如瓦片般铺开。暴乱的狂徒们入了念佛修行的道场，终遭恶业的结局。
>
> 我昔所造诸恶业　皆由无始贪嗔痴
>
> 从身口意之所生　一切我今皆忏悔
>
> 南无阿弥陀佛　南无阿弥陀佛　南无阿弥陀佛
>
> （《武功夜话》卷五）

前野长康念佛三声，追悼死者的亡灵。不过，他将这些视作狂徒的自作自受。从这里也看出武家作为掌权者对以长岛为首的叛乱信徒们的歧视。

可是，显忍和荣丸兄弟——创建长岛原证寺的莲淳的两个孙子——逃出了长岛，逃到近江的日野庄，将原证寺移到了那里。

第五章　天王寺之战

——从正面交战到困守

若有违背本文指示者，永世不得再为本寺信徒。（略）杂贺之勇士，或战死，或负伤，作战英勇，不惜性命，忠诚无可匹敌。

（天正四年五月十日显如致纪州坊主信徒书信）

动员了十万人的石山战役

天正二年（1574）六月，织田信长向伊势长岛发兵之际，石山本愿寺周边也进行着断断续续的战斗。

七月十七日，可能是为了牵制长岛的援军，信长命令荒木村重和高山右近向中岛发起进攻。荒木等人进攻中岛，却因本愿寺援军到来而大败，战死者众多。

信长知晓战况之后，在长岛写信，他一方面称赞荒木等人的作战，另一方面，对于战斗中巨大的牺牲，他说：

不必心痛。死人的事情是古今皆有的。（七月二十三日致荒木村重书信）

信长或许是因为长岛之战的气势高涨，对于此战，仅仅说了句死伤是兵家常事而已。

与石山本愿寺合作的河内高屋城三好康长及本愿寺信徒，向信长一方的三箇城发起攻势，信长遂派遣细川藤孝去河内。长岛之战大致落下帷幕之后，他又派佐久间信盛和明智光秀去河内，在饭盛山城附近与三好康长等激战，将其击退。细川、佐久间军乘势长驱直入，攻下萱振城，火烧高屋城下。这是九月十八日的事情。

　　大坂近郊，本愿寺一方和信长一方依旧处于对峙状态。

　　扫荡了长岛的织田信长，于十一月进入京都，下达了石山战役的方针指示，但他本人并未亲赴大坂。

　　第二年即天正三年三月，本愿寺信徒在淀川和神崎川之间的大和田构筑要塞，与布阵于尼崎的荒木村重对峙。受了挑衅的荒木军向大和田发起进攻，大败。被激怒的荒木村重在十三渡口将本愿寺信徒引诱出来，大破之，并夺取大和田要塞和天满要塞，军心大振。

　　四月七日，信长进军到河内若江，目的是将与本愿寺协作的河内、和泉势力一扫而光。

　　这天，显如给越前和加贺的信徒写信，要求他们向大坂运送军粮。他看到信长进攻的势头，想要为长期困守做准备。然而，控制着越前的信徒却担忧信长来袭，因而没有回应显如的要求。

　　八日，信长进攻三好康长据守的高屋城，因为发现不能很快攻下敌城，遂于十三日将军阵移动到天王寺。这时，畿内的信长一方势力几乎全部聚集在了大坂，布阵于天王寺、住吉、远里小理等处，人数据说达数十万，其中也包括根来寺的武装力量。试图控制和泉、河内各地的寺内町的根来寺，一贯将本愿寺视作眼中钉。

石山本愿寺越发孤立

十四日，信长全军开向石山本愿寺。因为石山守备牢固，这次看上去像是总攻的态势。信长军逼近石山，将附近的春季作物砍伐殆尽，此外还将军阵附近的作物也一并收割了。这是为了断绝本愿寺的兵粮来源。

不仅如此，信长向堺附近进军，进攻新堀城本愿寺一方的十河因幡守和香西越后守，放火之后杀入新堀城，将十河因幡守及其部下一百七十人尽数斩杀，生擒香西越后守，砍了他的脑袋。此外，新堀城也被捣毁。此刻，莲如创建于堺的信证院也化为灰烬。

高屋城的三好康长看到信长残酷的所作所为，提出投降，信长允准了。这样，大坂附近与本愿寺合作的实力派武将已被一扫而空。

接着，信长将以高屋城为首的河内诸城郭全部拆毁。于是，本愿寺最终被推到了完全孤立的境地。

大坂破城，时日将近。（《信长公记》卷八）

信长夸下海口，回到京都，并在五月与德川家康一起，给进犯三河长筱城的武田胜赖迎头痛击。这就是长筱之战。继本愿寺仰赖已久的武田信玄死后，武田胜赖也遭败北。显如此时何等失望，实在不难想象。

织田信长在击溃武田军之后，在八月率军三万余人到达越前敦贺。这是为了将控制越前的本愿寺信徒们"斩草除根"。

这段时间，越前陷入大混乱之中。越前的国人们①和信徒们对本愿寺派来管理的坊官已相当不满。

他们之所以不满，是因为他们虽已摆脱武家控制，却仍未从繁重的租税和劳役中解放出来。与其对本愿寺绝对服从，他们更期待着保卫自己的生活，这是他们优先考虑的老百姓逻辑。

终于，他们对本愿寺坊官的不满爆发了。身在丰原寺的坊官下间赖照，遭到了河合庄国人三千余人的袭击。得到袭击情报之后，筑后出身的若林长门守率二百五十人出击，抢占先机，将国人们击破。这是天正二年闰十一月十九日的事情。

然而不满之火依旧越烧越旺。十二月，七百名国人起兵，袭击了住在北庄馆的下间和泉守。但是，由于国人武装未能步调一致，他们在下间和泉守组织的信徒反击之下大败，百余人战死。

---

① 南北朝和室町时代的地方豪族。

此刻的越前，不仅有本愿寺坊官和国人们的对立，还不得不防备信长一方的侵犯，可谓内忧外患不断。

信长的宗教对策与越前信徒的末日

信长在出兵越前以前，先巧施离间之计，利用同奉亲鸾教义的高田派（专修寺）和三门徒派（和赞信徒），以及法华（日莲）宗信徒之间的冲突矛盾，谋划挑拨他们的关系。

越前的信徒，要求那些不听从本愿寺坊官指挥者，也就是高田派、三门徒派的寺院，统统改换门庭，服从本愿寺。他们还要求以法华宗为首的天台、真言、禅、净土各宗派的寺院也投入他们门下。据说他们甚至还破坏了一百多个神社（井上锐夫《一向一揆的研究》）。

信长看到高田派、三门徒派对本愿寺宗派统治的不满情绪高涨，便对寺院之间的信仰、利害冲突加以利用。

信长下发朱印状，向反本愿寺势力承诺，如果与自己合作的话，不仅可以免除叛乱的罪责，还能确保旧有领地不变，并给予新的领地。

明目张胆地利用信仰对立来达到战略目的，信长算是头一个吧。之后信长为了削弱在京都的町人中壮大力量的法华宗势力，让他们和稳健派的净土宗来了一场辩论。这

从三河安城传来的亲鸾圣人圣像（国宝复制品，本愿寺藏）

就是"安土宗论",结果信长单方面宣布净土宗获胜,自此以后,京都的法华宗寺院纷纷向信长提交了表示服从的起请文。

再者,信长虽然对基督教表示理解,但之后荒木村重被本愿寺策反之时,信长威胁举棋不定的荒木家臣、基督徒高山右近说,如果不投向自己一边,就会镇压基督教。信长也同样恫吓意大利传教士奥尔冈蒂诺。

在信长的思维里,能够战略利用的宗教势力就利用,对那些显露出威胁的势力就给予彻底打击,这是理所当然的。对信长而言,与其说将其看成信仰,不如说是以军事的眼光来看待他们背后形成的势力。

于是,八月十四日,信长率三万大军入侵越前,命令将信徒势力一扫而尽。

次日,羽柴秀吉和明智光秀军击破木之芽山口和杉津口的要塞,杀至府中(武生),斩杀下间和泉守、若林长门守等两千余人。

府中町死尸遍地。

这是八月十七日信长给京都所司代村井贞胜的书信中的一句。织田军在府中附近进行了仔细搜查,但凡发现本愿寺信徒,当即处死。信徒军总大将下间赖照躲过了搜索，逃往加贺，却被高田派的信徒抓获斩首。

信长在越前全境搜捕本愿寺信徒，屠杀一万两千二百五十余人。如果把被生擒者也计算在内，可以达到三四万人（《信长公记》卷八）。

二十三日，羽柴、明智军趁势杀入加贺，占领了本愿寺实际控制的加贺四郡中的能美、江沼南二郡。五年后，作为本愿寺撤出石山的条件之一，信长需要向本愿寺返还二郡，但他没有遵守这个约定。在信长眼中，宗教势力控制着领土，无疑是天下一统的阻碍。

信长在大圣寺和桧屋筑城，以防备北加贺石川、河北二郡信徒势力及越后上杉谦信的进攻。此外，信长还派遣柴田胜家到北庄，将越前统治委任给他。任何事都必须听从信长的指示，凡事礼敬信长的"九条命令"，就是在这时颁布的。

以信长背叛为前提的二次议和

继伊势长岛之后，又失去了越前信徒势力的石山本愿寺，越发忧心忡忡。宗主显如丧失志气，己方的三好康长也投降了信长，现在身边能够依靠的势力就只有纪州信徒了。

石山本愿寺之战

致书纪州坊主、信徒：

　　　最近，敌军攻入越前。现在到了本寺的关键时刻，要据城死守了。再者，当下已无可依靠之力量，唯有竭尽全力，一心守城，凡心存本寺者，如果能够前来助战，实在感激不尽。将来越来越要依靠你们的力量了。

　　　　　　　　　八月二十二日　　　　　显如

　　　　　　　　　　　　　　　（《显如上人文案》）

　　显如一面做好了死守石山的觉悟，向纪州的信徒寻求支援；一面接受三好康长与松井友闲的斡旋，与信长达成和议。

　　信长给本愿寺写好了和议的誓约，命令松井友闲在看清本愿寺的底细之后再把誓约交给他们。信长对这份二次和约非常慎重，仅仅是把它当作暂时性的契约罢了。

　　信长的誓约以松井友闲和三好康长为保证人，本愿寺一方则以下间赖廉及其下四位坊官为保证人。

　　显如将南宋画家玉涧（若芬）的三幅画献给信长，并将名满天下的吕宋壶"三日月的叶茶壶"献给三好康长，以作为达成和议的证据。

　　然而，这个和议迟早是要废弃的，这是谁都心知肚明的事情。显如自己也说"很显然，信长一定是会背叛的"（天正三年十月八日了源书状，《本愿寺文书》）。

此事的背景是，当时在纪州由良兴国寺的足利义昭，再三催促毛利氏救援本愿寺，要求他们上京与织田信长决战。次年二月，足利义昭不顾毛利氏的阻拦，搬到背后的鞆之浦，到毛利氏屁股后面去催促他们。

毛利氏担心一旦本愿寺灭亡，他们将成为信长的下一个攻击对象。于是，毛利氏被足利义昭说服，决定次年春天出兵。

信长也是因势而变，究竟何时会撕毁和议，发兵攻来，这事谁也说不准。当然，本愿寺在和议的平稳气氛之下，也在加紧备战，一刻也没有懈怠。

和议达成前后的十月十八日，下间赖廉及其下的两位坊官向纪州熊野信徒下达命令，要求他们先把包括火枪队在内的百名士兵派过来。

> 关于轮番队一事，之前我方向你们请求派遣五百人过来。现在，来的连两百个人都不够。五百个人当中，我方计划在福岛、木津两处各置五十人，此事之前已经详述。现在国内众说纷纭，人心浮乱。因此，还请快快派遣一百个人过来。若是火枪队也不足的话，就实在没有办法了。（《善照寺文书》）

下间赖廉指示五百人轮番队来大坂，总之尽早将火枪队百人派来。他专门提到"火枪队"，可能是因为纪州熊野也有熟练掌握射击技巧的战斗集团。

从这封信中我们也可以看出，本愿寺方做出了从五百人中分别派五十人到福岛要塞和木津要塞进行防卫的构想。

本愿寺以石山为中心，包括五十一个支城在内，其守备由以纪州信徒为主力的各地轮番队负责，这一点不难推测。

忌惮本愿寺 – 毛利同盟的信长

显如一面监视着与信长的同盟，一面在十一月二十日，向安艺毛利辉元的叔父——毛利家的顶梁柱吉川元春提出邀请，希望他能出兵到淡路岛的岩屋，并在那里驻军。

这是因为信长征调了岩屋的船只，计划将毛利氏与本愿寺之间的航路斩断。一旦控制岩屋，支援本愿寺的播磨（今兵库县）英贺、备后（今广岛县东部）、安艺三地信徒的海路也将被封锁。因此，这条海路对于本愿寺而言是最后的生命线了。

天正四年年初，前年秋天的和约很快就被废弃了。二月，因为在鞆之浦的足利义昭提出"务必为再兴幕府出力"的要求，毛利辉元决定与信长决战。

获知这一消息之后，信长唯恐本愿寺会成为毛利氏的前沿阵地，遂命令荒木村重、明智光秀、细川藤孝、原田直政发起进攻。这是四月十四日的事情。此前一夜，在今宫口已经爆发了激烈的战斗，可见双方战意已十分高涨。

首先，荒木村重自尼崎从海陆两路向野田进军，在那里构筑三处要塞，切断了连接海上和石山的水路，将陆路也严密封锁。此外，明智光秀与细川藤孝在守口和森河内构筑要塞，原田直政在天王寺设立要塞，将南面陆上交通斩断。

这样，本愿寺的北方、东方、南方三面已被封锁，仅仅在西面，从楼之岸、木津、难波的要塞通向海上的道路还敞开着。

信长一方为了彻底封锁这一敞开部分，试图夺取木津口，于是将明智光秀调到天王寺，命令原田军攻击三津寺。

五月三日清晨，原田直政以三好康长及根来、和泉的武力为先锋，率大和、山城的军兵逼近三津寺。

本愿寺发现此动向之后，急忙从楼之岸等地调了一万多人，将原田军包围，以数千支火绳枪一阵猛射。在这次猛攻之中，原田直政战死，原田军死伤众多。

本愿寺得势后趁势包围天王寺，进攻明智光秀和筒井顺庆，明智光秀军完全孤立，进退维谷。这就是天王寺之战。

这场战斗中，近江的教信负了伤。是日，显如的长子教如（光寿）向教信下发了军功奖状，称赞道："今日在三津寺的作战中，您的表现出类拔萃，忠诚可嘉。"（《教如上人御消息集》，《真宗史料集成》第六卷所收）

这时，教如十八岁，和已经灭亡的朝仓氏义景之女结了婚。他在四月十一日也向"广芝口战场"战死的西光坊愿誓发出了追悼书。可见，教如已然可以代替显如，具有发布军功奖状的资格了。

天王寺之战：石山死守四年的开始

织田信长得知在大坂吃了败仗的消息，立即率领三千兵力进军大坂，七日从住吉口迫近天王寺。先锋为佐久间信盛、松永久秀、细川藤孝，中军为泷川一益、羽柴秀吉，殿军由信长亲自率领。

信长这时还命令荒木村重加入先锋，但荒木村重想进攻木津口，拒不听从信长的命令。后来信长说，当时没有让荒木村重打先锋真是个正确的决定。这是后来荒木村重反水时信长的感想。

本愿寺此时的兵力虽然已经膨胀到一万五千人，但仅有三千人的信长军是专业的战斗集团。七日半夜行动的信长军，抓住本愿寺军两千支火绳枪射击中的间隙，逼近天王寺。

这时信长被子弹击中脚、负了轻伤，但毫不理会，继续进军，与突破天王寺的明智光秀军夹击，将本愿寺军击溃。信长军继续追击逃跑的信徒，一直猛攻到"大坂城大门口"，杀敌两千七百人（《信长公记》卷九）。

此战后，京都很快就有谣言说，本愿寺一方有一万人战死，"大坂左右大将"下间赖廉与杂贺（铃木）孙一也战死了。甚至，当时公卿山科言继的日记中还记载了杂贺孙一的首级被挂在京都勘解由小路示众的传言（《言继卿记》五月八日、九日）。

这当然是信长一方为了夸大战果而采取的宣传攻势。把流言当作真相接受的山科言继说"太好了""可喜可贺"。至少可以看出，山科言继对本愿寺是持批判态度的。另外，由此也可以知道，下间赖廉和杂贺孙一不单纯被视作本愿寺军的指挥者，他们本身的存在就令人畏惧、令人敬而远之。

信长一直打到大坂的城门口，却在这里撤了军。他大概是认为攻击据有城郭的本愿寺可能会让己方陷入不利境地。或者，正如之前提到过的一样，信长试图将石山寺内町毫发无损地收入囊中。

信长虽然将军队撤退到天王寺，但为了孤立石山本愿寺，信长在四面十余处构筑了要塞，就像将大坂包围起来一样。这就是尼崎、吹田、花熊、能势、大和田、三田、多田、茨木、高槻、有冈十个据点。

从这个局势可以看出，信长是要封锁本愿寺的陆路和水路，对其实施围困，绝其军粮，以持久战消耗敌军。果然，这可以看成是信长为了确保石山寺内町安全而采取的战术。

面对信长的全面封锁，本愿寺在守口、鸭野、野江、楼之岸、木津、难波等五十一处设置了支城。

此后，直到天正八年七月开城之间的四年里，本愿寺困守的意思越发明显。然而，坚持四年的长期死守，在战国史上是格外特别的。这是因为，在本愿寺的死守背后，有本愿寺的财力和信徒的力量，以及为削弱信长实力而支援本愿寺的毛利氏势力在支撑着。

石山死守的布阵与定专坊的三千人

显如也已经下定了死守的决心。信长一退兵，让佐久间信盛、松永久秀在天王寺布阵，巩固十余个要塞的守备，显如就立即给纪州的杂贺众送去了书信。

此战，多亏贵部竭尽忠心，早来参战，轮番守备，信长虽大举攻来，寸功未建，一战之后，敌军狼狈退兵。杂贺之勇士，或战死，或负伤，作战英勇，不惜性命，忠诚无可匹敌。对亲鸾圣人的报恩，无过于此了。（五月十日，《显如上人文案》）

显如一面称赞杂贺众的奋战，一面鼓励他们不惜性命，报祖师亲鸾圣人之恩，对本愿寺尽忠职守。

另外，凡是违背了显如宗旨的人，那就"永世不得再为本寺信徒"。显如在此声明使用"逐出本门"的"宗主之权"。

对于已经进入死守状态的本愿寺而言，持有火绳枪和船只的杂贺众，是非常值得依靠的武装集团。

那么，石山本愿寺的死守态势如何呢？根据年代不明的史料《历代御前众次第》（西本愿寺藏、上原芳太郎编《本愿寺秘史》所收），本愿寺的布阵是这样的：

《显如上人大坂守城一事》

川分口　　常乐寺（证贤）

楼之岸　　大将　　顺兴寺（可能是实从之子）

支城　　下间仲之

支城　　大将　　下间赖廉

大手御门守护　　由七队信徒守卫　　或称七人众

七队大将　　下间大进　　下间赖资

军功状

富岛赖母　　上原织部　　粟津源六

中村将监　　松井外记

在大坂守城战中恪尽职守

沟抗·佛照寺　　富田·光照寺　　穗积·慈明寺

　　从这个布阵中可以看出，下间赖廉与把守楼之岸的顺兴寺一起担任大将。下间赖廉是支城大将，因而是统率五十一个支城的人物。

　　根据江户时代中期制作的《石山合战配阵图》，"当时石山御堂有信徒四万余人守城"，渡边津周边有"定专坊三千人"和八木骏河守为守卫码头而在此布阵。

　　定专坊是淀川右岸的码头，位于被称作"三番"的地方，由船夫们支撑运营，可见该码头可以动员三千人。

　　此外，下间和泉守等在坐摩神社与大江岸之间布阵，铃木重幸与各地信徒在生玉庄布阵，铃木孙一、野村一角等人在生玉村布阵。

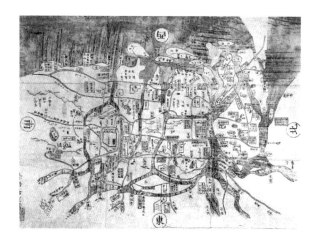

石山合战配阵图（龙谷大学藏）

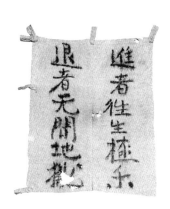

石山本愿寺之战中使用的旗巾
（长善寺藏）

石山本愿寺之战中使用的头盔
（光善寺藏）

再者，在朝着天王寺的方向，从猪饲野到冈山、味原、高津一带也拉开了防线。梅川的出海口高津有纪州杂贺众坐镇，木津则有愿泉寺信徒守卫，并构筑了木津要塞。另外，与堺相通的胜间浦也摆下了阵势。

毛利水军取得木津川冲海战的胜利

然而，本愿寺这样的布阵却恰好被信长一方包围在了里面。

信长还命令荒木村重和安宅甚五郎封锁海上，目的是阻止各地信徒的船只和毛利的水军通过濑户内海进入石山。

信长在做出完全封锁本愿寺的指示之后，还有空闲回到近江安土山，到安土城工地进行现场监督。

显如则向播磨的坊主和信徒们下达命令，为了确保船只的通行，要他们与备前（今冈山县东部）宇喜多氏合作。当然，对于以海运为生的杂贺众与赞岐信徒，他也下达了同样的指令。

显如还与上杉谦信这位和加贺信徒长年对立的人物和谈，以对抗已控制加贺两郡的信长势力。

此外，本愿寺一直试图强化与毛利氏的关系，终于收到了成效。毛利辉元决定从海上向困守的本愿寺输送军粮。当然，其中也包含着足利义昭打倒信长、再建幕府的执念。

七月上旬，军粮船六百余艘、护卫船三百余艘，在播磨的室津着陆。主将是毛利辉元的水军将领儿玉就英、小早川隆景麾下的水军将领乃美宗胜，以及率领能岛、来岛、因岛村上水军的村上武吉。

军粮船运载的谷物，应该主要是安艺、备后的信徒以寺院和"讲"① 为单位收集的，他们应该还雇用了船只和船员。而且（根据备后神边的真宗寺院的说法），年轻的信徒们还作为轮班守备队登船，开向本愿寺。

毛利水军于十二日驶离淡路岛岩屋，在和泉的贝塚与杂贺众会合，经堺、住吉附近的海面，于十三日到达木津川河口。本愿寺一方与之呼应，从木津、楼之岸以及寺岛的秒多崎等要塞杀出。织田军的佐久间信盛在住吉滨从天王寺出击，双方一进一退，展开激烈的攻防拉锯战。

信长一方使用大型军船"安宅船"十艘和中型船"关船"，以及快速小艇三百艘，将海面封锁起来。安宅船有橹五十杆，搭载武士五十人，水手五十人。毛利氏没有这样的安宅船，于是试图将淡路割让给安宅氏，却遭到了拒绝。

---

① 中世中期以后，在民众间形成的举行佛事、神事的结社。

石山本愿寺之战

从十三日到第二天早晨，木津川的河口发生了激烈的海战。毛利水军遭到筑有望楼的安宅船炮击，使用一种叫"焙烙火矢"的火器还击。这种火器射出的火矢可以引发爆炸和燃烧。"焙烙火矢"威力巨大，信长一方的军船一个接一个着了火，沉入海底。

这次海战，安宅船全军覆没，信长一方以和泉淡轮氏与沼野氏为首的数百人战死。毛利一方的伤者却不过数人而已。

大胜之后的毛利水军，将军粮顺利运入了石山本愿寺。据说这次有十万石的大米被运入本愿寺。不过，这应该是从这时候起到毛利水军溃败为止期间运入的军粮总数。

总之，毛利水军的大胜和军粮的运入，使得守城一方士气高涨。同时让本愿寺勇气大增的，还有在石山附近守备的毛利军队。木津有粟屋元种，尼崎有桂元将，花熊有乃美宗胜，淡路岛的岩屋有儿玉就英等守卫。正是这些毛利军的支援和杂贺众的行动，才得以让本愿寺与信长军顽强地抗战了五年。

第六章　杂贺众

——本愿寺主力部队的真相

你们那边的局势让人非常担心。我格外挂念着你们。我已派西光寺去了。绝不能允许佛法破灭之事发生。万事齐心协力，铲除佛敌，现在是到了为杂贺的名誉而战的时候了。

（天正五年二月二十五日致纪州坊主、信徒书信，《显如上人文案》）

信长趁杂贺众分裂之机入侵

天正五年（1577）二月九日，信长大军从京都开向大坂。石山本愿寺的守军十分紧张，但信长越过淀川，渡过八幡，就像从大坂迂回过去似的，十六日从若江进入和泉的香庄扎营。

本次的作战意在把从海上和陆上支持着石山本愿寺的和泉和纪州杂贺众彻底击垮。因此，信长在所能控制的十四国进行了军事动员。信长以嫡长子织田信忠为先锋，如怒涛之势一般自河内侵入和泉。

本愿寺的守军因为看到信长军向东而去，算是松了一口气。然而他们当中在和泉和杂贺有家人的人这时候开始非常痛苦了。

二月初，河内守护畠山高政的侄子——纪州有田岩室的畠山贞政与纪州信徒、根来众的一部分联合起兵。和泉的信徒也呼应起兵，据守贝塚、千石堀、畠中。

信长从根来寺杉坊和杂贺三缄（下文将述，又称"三乡"，以下统称"三缄"）那里得知了起兵的消息，觉得这是将本愿寺的"后勤部"杂贺一举击溃的天赐良机。

信长首先命令向贝塚发动进攻。贝塚有莲如建立的道场，其后由卜半斋了珍（了入）再兴，创建愿泉寺。卜半斋本来是根来寺的和尚，叫作右近坊，后来改信了净土真宗。

可能贝塚的本愿寺信徒正是为了避开根来寺的压迫才把卜半斋请来的。终于，贝塚形成了以愿泉寺为中心的五町寺内町，成为和泉本愿寺势力的据点。

贝塚预计到了信长军的攻击，于是大部分的居民已经趁夜乘船逃走。信长军将留下来的人屠尽，把贝塚寺内町尽数烧毁。烧毁的愿泉寺在三年后即天正八年作为板屋道场得到了复兴，在纪州鹭森的显如把本愿寺搬到大坂的天满以前的两年里，这里一度是本愿寺的所在地。

二十二日，在志立（信达）扎营的织田信长，将军队分为海滨纵队和山路纵队向杂贺进军。山路纵队有根来寺杉坊和杂贺三缄（三乡）做向导，佐久间信盛、羽柴秀吉、荒木村重等越过根来街道，沿纪之川进入杂贺。

海滨纵队泷川一益、明智光秀、细川藤孝、筒井顺庆与大和的势力则从淡轮口兵分三路攻入杂贺，将杂贺众据点之一中野城攻克。

这时的石山本愿寺也一定能够嗅到硝烟的气味。显如非常担心，不由得拿起笔来。这就是本章开头的那封书信。

这封书信里，显如认为杂贺战败之日，就是佛法（本愿寺）灭亡之时。因此，决不能让这种事情发生。

"万事齐心协力，铲除佛敌，现在是到了为杂贺的名誉而战的时候了。"俨然是最后决战的檄文一般。

杂贺众的实际情况

接下来我们稍微来了解一下杂贺和杂贺众。

杂贺指的是纪之川河口一带的左右岸地区。我们称之为杂贺，但严格来说是由五个乡（或称五缄、五组）构成的。

首先中乡（中川乡）、宫乡（社家乡）、南乡（三上乡）这"三缄（三乡）"在纪之川左岸。纪之川河口处的左右岸是杂贺庄，与杂贺庄接壤的右岸是面朝大海的"十乡"。

五个乡，也就是五缄总称为杂贺，然而严格意义上的杂贺只是五缄中的一个乡而已。

五缄作为纪州的"国人"势力，原本是联合行动的，但由于他们生活基础各异，加之利害关系的对立，五缄逐渐分道扬镳，最终在天正五年分裂，陷入敌对状态。

纪之川河口处的杂贺庄和十乡，主要是由船夫组成，以海运贸易和渔业为中心。他们凭借海运，早早地引进了种子岛传来的火绳枪制造技术，这使得他们成为像堺一样掌握成熟的火绳枪生产、射击技术的集团。

火绳枪的生产和射击技术当然也传入了其他三缄，还成了纪之川上游的根来寺武装集团最大的武器优势。

缺乏耕地的三缄和领地稀少的根来寺，作为携带火绳枪的雇佣兵，若受到各地大名的邀请，就参加他们的作战。杂贺庄、十乡也是一样。

但是，与处在纪之川河口处依靠海运之利积蓄财力的杂贺庄、十乡相比，宫乡、南乡、中乡三者因为略微位于上游，海运利益是比较缺乏的。

或许就是这样，地理上的利益对立日趋显著。三缄与同样心怀不满的根来寺结盟，与信长合作，试图讨伐杂贺庄与十乡。

信长军海滨纵队兵分三路进攻的中野城是十乡的据点，根来寺杉坊和三缄做向导进攻的小杂贺川（和歌川）杂贺要塞是杂贺庄的据点。

中野城在二十八日投降。次日，显如得知中野城投降之后大怒道："岂有此理。"显如命令说，本次饶了你们，今后务必对本愿寺尽忠职守（五月三日致杂贺信徒集团书，《显如上人文案》）。

三月一日，信长军攻下中野城之后继续进攻铃木孙一的城池，遭到顽强抵抗，未能攻下。铃木孙一就是杂贺孙一，是杂贺众的领导者之一。

孙一的城池大约是在贵志庄平井的孙一宅邸处，这里是被称作孙一道场的莲乘寺。孙一据莲乘寺，统治十乡，并在杂贺庄也有影响力。

另一方面，杂贺庄的杂贺要塞以小杂贺川为防线，用火绳枪招呼信长军，使其无法靠近，这一战，本愿寺装备的大炮"大筒"也被借给了杂贺。这足以看出本愿寺多么重视杂贺众的此次战斗。

信长撤军的失策

信长在营中已经坚持了近一个月，依旧未能取得较好战果。信长听说京都流传着"信长苦战"的谣言，遂以杂贺众投降为条件撤兵。这是三月十五日的事情。

本次杂贺之事，本应严加处罚。你们已经收到我的书信，我告知你们，你们务必要对我尽忠。既然如此，我就赦免你们，并无异议。今后还望尽心竭力。此外，还请向小杂贺那边军营一并转达。

三月十五日　　　　朱印（信长）

（《土桥文书》，《增补织田信长文书的研究》所收）

收信方是铃木孙一、栗村三郎大夫、岛本左卫门大夫、宫本兵部大夫、松田源三大夫、冈崎三郎大夫、土桥若大夫七人。

据说，在信长军的猛烈攻势面前，以铃木孙一为首的杂贺庄、十乡的七人领导者招架不住，遂向信长乞求参与围剿石山本愿寺的战斗，这才得到了信长的允许。然而，书信中提到务必向小杂贺川布阵的军队也传达赦免的旨意，可见杂贺要塞进行了顽强的抵抗。

因此，这样的赦免并不是信长单方的胜利，而是杂贺庄、十乡也保留了相当的余力之下的和议。这两缄依旧是支撑着石山本愿寺的主力，与信长率领的三缄及根来寺敌对。

我们顺便把此后在石山本愿寺之战中登场的杂贺二缄（杂贺庄、十乡）领导者的名字列举在这里。

刚才提到的信长发出的朱印状收信者七人当中，十乡是铃木孙一、松田（松江）源三大夫，杂贺庄是岛本（狐岛）左卫门大夫、宫本（凑）兵部大夫、土桥若大夫。此外，杂贺庄的冈太郎次郎直到最后都在支援着本愿寺。

其中土桥若大夫与铃木孙一围绕着十乡木本的领地归属问题产生对立关系，最终到了兵戎相见的地步。

信长一面在和泉的佐野构筑要塞，以根来寺杉坊驻守，监视杂贺众的动向，一面对宫乡、中乡、南乡三缄发布对杂贺庄、十乡的发兵命令，并承诺一旦他们发兵，信长一方就会出兵，而后论功行赏。这样看来，信长的杂贺进攻事实上是失败了。

这年八月，松永久秀解除天王寺的守备之后回到大和信贵山城固守，反抗信长，以铃木孙一为主力的杂贺众再次起兵。他们在大野庄名高同三绳势力大战，将其驱逐到根来。随后，铃木孙一率领火绳枪队开进石山本愿寺，杂贺甚至还派出火绳枪队支援驻屯在淡路岛的毛利氏。

松永久秀已经是第三次反叛信长了。松永久秀之所以选择与信长对决，是因为大和地区被信长赐予筒井顺庆，同时，越后的上杉谦信与加贺的本愿寺信徒联手，入侵信长控制的南加贺和越前，再加上毛利氏也在支援本愿寺，这使得松永久秀对信长丧失了信心。

松永久秀拒绝了信长的劝说，死守信贵山城，十月十日在信长军总攻之下自裁。据说这时，筒井顺庆的军队冒充石山本愿寺的援军，进入了信贵山城。如果这是事实的话，松永久秀谋反的背后，应该是本愿寺的教唆。

信长军攻陷松永久秀据守的信贵山城之后，应该是要趁势进攻石山本愿寺的。

坊官下间赖廉，在信贵山城陷落后的次日，向杂贺众送去书信说："请立即派火绳枪队三百人来。"（十月十一日）然而，信长并未攻来，天正五年，信长军不曾与他们交战。

虽说本愿寺被封锁于石山，处于困守的状态，但因为毛利水军的胜利，海路的安全是得到保障的。刚才提到的下间赖廉书信中也有"为了加强守备，请尽早渡海"的语句，正好可以作为证明。

另外，这一年七月十九日，显如的妻子如春生下了第三个男孩。这就是后来承袭长子教如之位的本愿寺宗主准如。男孩出生之后，本愿寺举行了庆祝活动，这也可以看出本愿寺尚未到达悲惨死守的地步。

石山守军的分裂与"铁甲船"出现

次年，即天正六年，对于本愿寺而言是激变的一年。四月，织田信长的嫡长子织田信忠对石山本愿寺的进攻自不必说，本愿寺所面临的状况也已经发生了剧变。

前一年十月，信长派羽柴秀吉去播磨（今兵库县），踏出了平定中国地区的第一步。羽柴秀吉让姬路城主黑田官兵卫（孝高、如水）加入自己麾下，诱降了播磨的一众豪族。然而，西播磨的上月城主赤松政范得到备前宇喜多直家和毛利氏的支援，奋起抵抗。上月城虽在羽柴秀吉军的猛攻之下陷落，但毛利辉元知道此城落入信长一方手中后，就下令吉川元春、小早川隆景从海陆两路发起攻击。

这时，东播磨的三木城主别所长治，虽臣服信长一

石山本愿寺之战

如春画像（本愿寺藏）

其长姐为细川晴元之妻，二姐为武田信玄之妻

方，却响应毛利氏，举起反旗。这是天正六年二月的事情。此后，直到因围困战而开城的两年里，以英贺御坊本德寺为中心的播磨信徒、杂贺火绳枪队，甚至在毛利支援之下的三木城，都与石山本愿寺一同与信长对峙。

因为三木城的叛变，无法获得羽柴秀吉援军的上月城在毛利军的攻击之下陷落。担任城主、以尼子氏的复兴为使命的尼子胜久自杀，山中鹿之助在护送途中被斩杀①。这是七月的事情。

在信长的播磨战略中成为一大障碍的，果然还是石山本愿寺。四月四日，信长以嫡长子织田信忠为总大将，率领大军开向大坂。前一天，信长下发了一封朱印状。

在各处出口设立告示牌：告诉那些在大坂死守的男女，可以赦免他们的罪过，让他们速速离开。但坊主以及从中出力之辈，一律不得赦免。（四月三日致明智光秀、细川藤孝的书信）

信长命令在通向石山的道路上设立告示牌，告知在石山及各要塞守城的男女，给他们活路，应弃暗投明。然

---

① 山中鹿之助即山中幸盛，尼子氏家臣，"尼子三杰"之一，上月城陷落后被捕成为人质，在被押送往毛利辉元当时所在的备中松山城的途中被福间元明谋杀。

而，坊主和其他活跃分子不得饶恕。这是织田信长为了动摇守城人员的军心，实施的分裂之策。

我们不知道这一策略发挥了多少作用。然而从织田信长率大军连攻两日，却不过是把石山周边的麦子割了扔掉就撤兵的情况来看，恐怕也没有多大效果。

真正使本愿寺感到震撼的事情是，六月二十六日，纪州冲的杂贺、淡轮水军被九鬼嘉隆率领的织田水军所击破。

两年前，信长在木津川口大败于毛利水军，于是命令伊势志摩的九鬼嘉隆建造六艘大型军舰，同时让泷川一益也建造了一艘。九鬼嘉隆的六艘军舰各装备大炮三门，并且还装备了不怕毛利军"焙烙火矢"和弹丸攻击的铁甲。

后来，兴福寺的多闻院英俊听说了在堺入港的军舰的事情，在《多闻院日记》中记下了它的威仪：

> 近日，伊势大船入堺港。人数约有五千。宽七间①，长十二三间，是铁甲船。可以防备火绳枪攻击。船体大得惊人。据说是为了阻断大坂的交通而建造的。（七月二十日条）

---

① 长度单位，一间为六尺多。

当"铁甲船"经过熊野滩来到淡轮冲时，在这里等候已久的杂贺、淡轮船乌泱乌泱地攻了过来。然而，火绳枪的子弹和火箭都被挡了回来。反而是九鬼嘉隆的军舰放炮击破了杂贺、淡轮的船只，轻松突破了海上的防线，将巨舰从堺开到木津河口，将海面封锁起来。这些"铁甲船"，最终斩断了本愿寺的生命线。

因军舰的出现而大惊失色的显如，认为信长终将进攻而来，遂发出书信，"擅火绳枪者五百人，尽快到这里来会合。若少于五百，便是违法军法"（七月十七日致纪州信徒集团书，下间仲之、下间赖廉联合署名），催促杂贺众五百人火绳枪部队到大坂来集合。

索要一千支火绳枪的显如与反叛的荒木村重

六艘"铁甲船"和一艘大型"白船"将大坂湾封锁了。本愿寺深恐信长会直接攻来，已于七月十七日要求火绳枪五百人部队到大坂来。然而，由于杂贺众并未做出回应，九月三日显如直接命令将五百支火绳枪送到石山。

同月织田信长从安土城进入京都，做好战备之后向大坂出击。知道此事的显如再次向杂贺众送去了近乎哭诉的书信："别的事先不管，但求火绳枪一千支。若能够连夜送来，实在是令人欢欣。千万不要再有不当之举措了。"

要求的火绳枪数量从五百支涨到一千支，正表现出显如和本愿寺的焦急心情。

信长二十九日抵达天王寺，次日检阅了回航到堺的铁甲船，并允许民众参观。信长大为满意之后，回到了京都。

海上突如其来的军舰也好，信长抵达天王寺也好，都使此时成为关乎本愿寺存亡的危急关头。二十六日，显如向凑、杂贺、冈、松江、嘉祥寺、吹井、加太等"其他各海岸守备军"写了书信。收信者都是和泉到纪州沿海的港口地带，书信要求他们乘船到大坂来会合。

本愿寺对以杂贺众为中心的和泉和纪州信徒越来越依赖，此后事态一度好转。这是因为信长麾下摄津的荒木村重突然向信长举起反旗，与本愿寺同盟。这是信长在堺检阅军舰，意气风发地返回京都之后的事情。

荒木村重的反叛对于本愿寺而言简直是久旱逢甘霖。虽说毛利氏在淡路岛的岩屋布阵，但是由于备前的宇喜多直家倒向了信长一方，毛利氏遂放弃了上月城，从播磨一直退到备中（今冈山县西部）。

荒木村重的反叛不仅使得播磨的羽柴秀吉军陷入孤立，还让摄津方面的石山本愿寺包围圈也崩溃了。在海岸线上，防线从尼崎扩大到花熊（今花隈、神户）。

细川藤孝曾经向信长报告荒木村重秘密运送军粮给本

愿寺的传言，荒木村重打算去安土城解释。途中，荒木村重经过从弟中川清秀的茨木城，中川清秀告诉他信长是一旦怀疑就不宽恕的人，荒木村重这才决意反叛信长（《阴德记》）。

荒木村重的叛乱从根本上动摇了信长对于本愿寺、毛利的战略。信长派遣明智光秀、松井夕闲去做说客，荒木村重却不予理睬。

荒木村重造反的原因，应该是对信长的不信赖。按照战国的规矩，一般是与敌人距离最近的武将会作为先锋出战，占领的领土会被赐给他作为奖赏。

然而，信长却把摄津的荒木村重排除掉，任命羽柴秀吉做进攻摄津邻国播磨的大将。对此深感不满的荒木村重，与本愿寺、毛利氏，甚至鞆之浦的足利义昭互通款曲，与信长作对，寻求脱身的活路。

天主教传教士所见的石山本愿寺兵力

本愿寺与荒木村重的盟约，以显如十月十七日向荒木村重、荒木村次父子递交誓文，荒木村重向本愿寺派遣人质为标志成立。

誓文的大概内容是说，与本愿寺结盟，在善恶是非的方面要互相商量。若信长去世，天下形势大变，本愿寺也绝不抛弃荒木村重父子，但对于荒木村重所统辖领地的农民等一概不干涉。除了摄津以外，如果荒木氏希望统治其他的地方，本愿寺必尽力与将军（足利义昭）以及毛利氏斡旋，传达其意向。

誓文由足利义昭和毛利辉元作为保证人，足以见得他们和本愿寺对荒木村重的反水有多么期盼。

对信长来说，荒木村重反叛的后果显然非常严重，不仅使他不得不调整针对中国地区的战略，甚至京都周边的统治也受到了威胁。

信长为了将荒木村重造反的影响控制在最小范围内，试图将荒木村重手下的茨木城主中川清秀和高槻城主高山右近拉到自己这一边来。这时，为了诱降基督徒大名高山右近，信长几乎是饱含热泪地乞求传教士奥尔冈蒂诺去劝说高山右近（弗洛伊斯《日本史》）。

信长这时候还恫吓说，如果劝说高山右近失败，就对基督教（天主教）实施镇压。

顺便一说，当时日本的传教士在有关本愿寺的报告中说："宗主显如被当成'活佛'一样受到信徒的崇拜，若是因遵守他的命令而死，就可以往生极乐世界，因而是件值得欣喜的事。再者，本愿寺的城池被宽阔的护城河包围，城内的战斗力量有一万人，城池相当坚固，还有四千或五千火绳枪防守。"（弗洛伊斯《日本史》、若望·方济

建于高槻市民会馆前的高山右近铜像

各书简《耶稣会日本报告集》）

虽然多少有些夸张的成分，但传教士们关于数字等事实陈述方面的报告基本上是正确可信的。之所以如此，是因为当时来到日本的传教士几乎都有过从军经历，他们对于战斗人员、火绳枪兵力的计算是很精通的。

无论如何，荒木村重的谋反将信长置于非常困难的境地。这时信长第一次亲自与朝廷斡旋，试图与本愿寺停战。

信长从依赖朝廷议和到放弃

织田信长将与本愿寺的议和斡旋寄托于朝廷，并以此命令京都所司代村井贞胜。村井贞胜向大纳言庭田重保、权中纳言劝修寺晴丰传达了信长的意向。庭田重保与显如的母亲显能（如徒）是兄妹，这才被信长选中。

朝廷对信长的议和之意表示赞赏，任命上述两位以及御仓职①立入宗继为敕使，立即前往大坂。

对本次和谈，本愿寺立即表示了欢迎，但一个条件也不让步。这是因为"本愿寺与毛利氏已经有多年的恩义了，把毛利氏抛开不管，单方面与信长和解，是万万不可

---

① 为宫廷管理酒宴花费、金钱出纳等的职位，此时由立入氏担任。

的事"。

信长得到这样的答复，了解到要与本愿寺和议，还需要与毛利氏也达成和解。对信长而言，无论如何也要与本愿寺停战，将荒木村重谋反的影响控制在最小范围内。这是十一月四日的事情。

同一天，敕使庭田重保、劝修寺晴丰将奔赴安艺（今广岛县）郡山城的通知书信送到了毛利辉元处，信中说他们启程的时间是十一月二十六日。

然而，两天后，即六日，对本愿寺和毛利氏来说意外的情况发生了。

毛利水军六百余艘船在木津川海口处出现，计划将满载的军粮运到本愿寺。两年前，毛利水军在木津川海战中获得过压倒性的胜利，或许这一次他们也想把信长的水军一脚踢开吧，又或者虽然知道织田军六艘巨大铁甲船的存在，还是对擅长的海战有不败的足够自信吧。

率领六艘铁甲船的九鬼嘉隆让毛利水军向自己靠近，"我军用大火绳枪向应该是敌军大将的船猛烈轰击。敌军对此十分畏惧，不敢靠近前来，我军遂向木津浦追击敌军的数百艘船"（《信长公记》卷十一）。织田军获得了全面的胜利。

这样，军粮的运输以失败告终，本愿寺更加军粮不足，海上而来的运输道路断绝了。即便有摄津荒木村重的支援，本愿寺的孤立也已经显而易见了。

获得胜利消息的信长诱降高山右近，降伏中川清秀，削除荒木村重的两翼，并且态度一变，阻止敕使去安艺。和谈交涉宣告终止。战局已经向有利的方向展开，和谈这一战略不过是为了下一次作战而采取的拖延战术罢了。

信长立即抓住时机，命令泷川一益扫荡荒木村重所在的有冈（伊丹）城周边，并亲自指挥进攻有冈城。但是，有冈城异常坚固，未能攻陷。

于是，信长转变战术包围有冈城，派遣羽柴秀吉回到播磨，明智光秀回到丹波，自己也回到了安土城。这是天正六年年末十二月二十五的事情。

因为毛利水军在木津川海口的败退，本愿寺的情况日趋恶化。但即便如此，尼崎和花熊仍有毛利军驻守，有冈城周边的要塞也驻扎了杂贺众的武装。

然而，昔日反信长统一战线中强有力的大名已经不在，本愿寺擅长的远交近攻之策已经失去了往日的光彩。

石山本愿寺的前途，第一次笼罩着重重乌云。

第七章　死守石山

——信长与本愿寺讲和的真相

　　然而有冈、三木这些我方的城池接连陷入敌手，情势之危急无以言表。（中略）如今死守一事，事关紧要，应竭尽全力。为轮班守卫，拜托准备好一人的军粮、火绳枪一支及弹药到我寺（本愿寺）来。

　　（正月二十五日下间赖廉致正善坊书、显如黑印，《满行寺文书》）

有冈城、尼崎城的本愿寺军

天正七年（1579）正月，信长并未去接受部将们的拜贺，而是在安土城度过了新年。信长的部将们，此时没有离开前线的战场，信长命令他们实施更加彻底的攻击。

三月五日，信长与嫡长子织田信忠一同，向荒木村重控制的摄津伊丹外围出兵。

其中越前柴田胜家属下的佐佐成政、前田利家、不破光治作为游击部队参加。因为看到加贺北二郡的本愿寺信徒暂无动静，信长便把多余的兵力调到摄津来。

前田利家

织田信忠

筒井顺庆

柴田胜家

信长甚至令织田信雄、织田信孝二子也出战，并动员了筒井顺庆的山城兵力，命令他们进攻有冈（伊丹）城周边零星分布的支城。

此时，并没有进攻石山本愿寺的必要，如果攻击荒木军让荒木村重屈服的话，本愿寺也一定会屈膝投降吧。

五月初，信长回到安土城，主持了法华（日莲）宗与净土宗的辩论，将法华宗纳入自己的控制之下。此外，丹波八上城被明智光秀攻下后，六月四日八上城波多野兄弟在安土城下被处以磔刑①。

---

① 将犯人挂在十字架上刺杀的刑罚。

九月以后，信长周围的动向突然变得频繁起来。二日半夜，荒木村重抱着心爱的名茶器叶茶釜逃出已经困守十月的有冈城，带着爱妾及随从五六人逃入尼崎城。妻子、孩子和他的家臣都被抛弃了。

即便如此，失去城主的有冈城仍然坚守了两个月。城外守卫上腊塚要塞、岸要塞、鹑塚要塞的官兵殊死奋战。鹑塚要塞由主将野村丹后守率领两百杂贺众守卫着。

然而，在中西新八郎等主力家臣被信长一方的泷川一益诱降之后，信长军的攻势越发猛烈，要塞接连失守。鹑塚要塞的杂贺众战死，野村丹后守乞降，却终遭斩首，被送往安土城。

已经孤零零的有冈城，十一月十九日乞求开城投降，却收到了"如果尼崎、花熊二城不投降，则有冈城守军全部处死"的条件。

荒木久左卫门等重臣为了说服荒木村重投降去了尼崎城，却遭到拒绝。

顺便提一下，为荒木村重担当协调角色的，是《石山合战配阵图》里的"定专坊三千人"那位定专坊。根据《石山战记》，定专坊的住持是了显。定专坊以淀川沿岸的三番为根据地，统率着船夫们的势力。

应该是因为尼崎城与本愿寺命运息息相关，定专坊势力才进入了尼崎城，或许这也影响到了荒木村重的拒降决定。如今，石山本愿寺的大钟，俨然就在定专坊中。

逃跑的毛利氏与女房奉书的意义

留在有冈城的荒木村重妻子、孩子、亲属及家臣的家人们被织田信长逮捕。信长命令把荒木村重妻儿等三十余人送到京都，余下的六百人全部处死。

十二月十三日，一百二十二名妇女在尼崎城近郊的七松被处以磔刑，为火绳枪、长枪和长刀所杀害。这是给尼崎城的兵士和荒木村重的警告。

同一天，男女五百二十人被押到尼崎附近一座四轩小屋中，信长军在四面放火，将他们活活烧死。这是对尼崎城的威吓，也明显带有恫吓本愿寺的意思。

石山与尼崎之间大约有一里路程。焚人的黑烟，唤起了本愿寺守城者心中关于伊势长岛两万人被焚杀的噩梦。

此外，荒木村重的妻儿被送到京都后，于十六日在市中游街示众，随后被斩首于六条河原。

有冈城的陷落不仅极大动摇了本愿寺的军心，也给出兵到石山、尼崎、花熊的毛利一方带来了强烈冲击。毛利的兵将开始一个接一个地回家了。

石山本愿寺之战

本愿寺的坊官下间赖廉大为慌张，于是给毛利军主将桂元将写信，希望他能够阻止兵将们离开。

> 退出花熊城，乃美宗胜、荒木元清同船撤回，尼崎、本寺（本愿寺）防线将会崩溃。真是荒谬绝伦的事。退城的事若是给敌人知道了，他们一定会攻打过来的。（《萩藩阀阅录》）

落款日期是尼崎发生大屠杀的十二月十三日。桂元将在有冈城陷落之后从尼崎城来到本愿寺，然而他也曾再三表达想要回家的意愿。本愿寺的统一战线，已经陷入了将要四散而溃的状态。

本愿寺在十二月三日将杂贺领导者们召集起来，商讨今后的对策，却无果而终。

信长窥见了本愿寺的动摇，为了避免直接的武力攻击，便再一次通过朝廷寻找和谈的机会。朝廷也接受了信长的请求，以庭田重保和劝修寺晴丰为敕使，带着正亲町天皇的女房奉书①，前往本愿寺。

女房奉书的内容大概是这样的：

---

① 通过宫中女官（女房）传达天皇旨意的文书。

致本愿寺：

仰 天正七年

十二月二五日

前右大臣（信长）和谈之事，主上认为不可置之不理。希望你们三思后行，不要惹多余的麻烦，做恰当的决定。具体情况由两位使者转达。惶恐。

（《龙谷大学所藏文书》）

本愿寺得到了天皇的敕命，就是否接受信长的和谈请求举行了会议。出席的成员名单并不清楚，但持反对意见者占了多数。最终，显如在十二月晦日向敕使递交了对女房奉书的感谢信，仅此而已。

乞求兵员、军粮、火绳枪的本愿寺的悲鸣

庭田重保和劝修寺晴丰两位敕使也感受到，本愿寺首脑层的一部分是赞成和谈的。

开了年的天正八年正月二日，正亲町天皇向二人询问大坂的"样态"（《御汤殿上日记》），并在次日将劝修寺晴丰叫来，与他商谈"大坂的事情"（同前），对此颇为关心，并做出了指示。

天皇之所以要询问本愿寺的情况，做出某种指示，

是因为他觉察到，如果他亲自下达敕命，本愿寺将会听从。

于是最后，劝修寺晴丰十八日奔赴安土，向信长传达天皇的意向。这也可以看出天皇判断"本愿寺是有接受和谈的意愿的"，之后就是看信长开出何种条件，再如何去说服本愿寺的问题了。

此时庭田重保和劝修寺晴丰的动向一直未受大家的关注，事实上他们在打破僵局的过程中扮演了极为关键的角色。

劝修寺晴丰奔赴安土之前的十七日，经历了一年的战斗和一年半围困的播磨三木城，终于因城主别所长治的自尽而开城。这时，备前的宇喜多直家已经脱离毛利一方，向羽柴秀吉投降，成为织田军的一员。

继有冈城之后，又失去三木城的本愿寺，越发孤立无援。顺便提及，三木城中也有姬路梦前川沿岸的英贺御坊本德寺信徒及杂贺众的势力。

为了进一步将本愿寺逼入绝境，"三月初，信长对本寺（石山）甚为苦恼"的传闻煞有介事地流传起来。信长似乎有对本愿寺步步紧逼，让其接受和谈的考虑。

为了应对三月初的进攻，本愿寺向各地的寺院下发了显如的黑印状，要他们将兵员、军粮、火绳枪、弹药运送到石山来。

　　各位长期以来协助守城，意志坚定，我实在是感激万分。然而有冈、三木这些我方的城池接连陷入敌手，情势之危急无以言表。三月初，信长绞尽脑汁针对本寺，必定有所图。如今死守一事，事关紧要，应竭尽全力。为轮班守卫，拜托准备好一人的军粮、火绳枪一支及弹药到我寺（本愿寺）来。

　　　　　　　　　　　　　　　　黑印（显如）

　　　　（《满行寺文书》，《显如上人传》所收）

　　书信的日期是正月二十五日，很贴切地表明了三木城失守后本愿寺的窘境。此外，二月九日的下间赖廉书信中说：

　　因为支城有数十处，军粮及弹药等已耗尽。如果那样，索性就把年忌、月忌佛事都停止了，哪怕是一个铜钱，也应该奉献出来。一切都是为了佛法兴隆，实在感激不尽了。（三浦周行氏所藏文书）

　　哪怕是将年忌、月忌这样重要的佛事停止，纵然是一个铜板也要上交给本愿寺，从这样的内容我们足以看出，本愿寺面对的是何等危急的局面。

信长的和谈条件

信长将再攻本愿寺的担忧，在三月初渐渐成为现实。

二月二十七日，信长从京都出发，在山城的山崎命令侄子织田（津田）信澄攻击兵库的花熊城。

次月的三月一日到七日，信长从摄津郡山进入有冈（伊丹）城，巡视了兵库周边之后返回了京都。

此时本愿寺密切注意信长的动向，然而信长军仅仅是在河内的萱振放火烧了寺内町而已。这是因为萱振的惠光寺及其信徒一直以来支援着本愿寺。

信长的行动回避本愿寺，事实上与三月一日敕使一行前往本愿寺有关。这其实是信长的示威行动——如果不接受敕使传达的信长的和谈条件，就发动武力攻击。

本次的敕使是前关白近卫前久，以及前一年年底参与交涉的庭田重保和劝修寺晴丰三人。

近卫前久在石山本愿寺之战开始的时候曾作为调停者活跃在交涉舞台上，而且显如之子教如又是他的犹子，他大概因此才被选为敕使代表。

三位敕使另有同行者，就是被称作宫内卿法印的松井友闲，以及可以被称为石山进攻总司令的佐久间信盛。将自己的部下作为监视者与敕使一同前去，这正是信长真心想要和谈的证据。

这时的信长开出了怎样的和谈条件呢？也许是让本愿寺从石山退出，但这对于本愿寺而言，却是无论如何也无法接受的。

事过再三，尽管对方希望信长能够重新考虑条件，信长却固执地没有听从。于是，敕使停止斡旋，表示出了中止和谈的强硬态度，本愿寺也万不得已只能答应了，这是显如后来说的（十一月十七日显如致美浓厚见信徒书信，《圆德寺文书》）。

仔细来看这期间的交涉过程，之后以显如为中心的和谈恭顺派与以教如、杂贺众、寺内町势力为代表的和谈反对派之间的对立越发明显起来。

那么，首先将信长三月十七日提出的和谈条件誓文及起请文列在这里（序号是本书作者添加的）：

备忘录

一、赦免所有人。①

二、让近卫前久的人马进入天王寺北城，与守军交换驻防。大坂退城之时，一并退出太子塚，并让本次使节团进驻。②

三、谨慎起见，应派遣人质。③

四、往返的末寺与先前一样。④

五、加贺两郡（江沼、能美）在大坂退城以后，

应遵照和约归还。⑤

六、以七月盂兰盆为期限。⑥

七、花熊、尼崎在大坂退城之时开城。⑦

　　　　三月十七日　　　　　朱印（信长）

庭田大纳言殿（重保）、劝修寺中纳言殿（晴丰）：

敬白　起请

以上内容，本次赦免本愿寺一事，乃是天皇的圣
意。本愿寺一方无异议的话，当按照以上条款履行。若
违背和约，则梵天、帝释天、四大天王，及日本国大小
神祇、八幡大菩萨、春日大明神、天满大自在天神、爱
宕、白山权现，特别是氏神，都将降下惩罚。谨言。

　　　　三月十七日　　　　　信长（花押、血印）

信长亲自按了血手印，这是件稀奇的事，也足以看出
信长对和议的极大热情。

本愿寺内部的四个问题

接着，信长向前关白近卫前久送去书信，作为对之前
誓文的保证书。信长为了打消本愿寺的疑虑费尽了心思。

近卫殿（前久）：

　　这次出使大坂，有劳您了。本愿寺他们仍然存有怀疑吧。如果那样，还得仰赖您从中调停，我方绝无背叛之想法，请您一定代为传达，切勿忧心，有劳您继续奔走斡旋了。诚惶诚恐。

　　　　三月十七日　　　　　　朱印（信长）

　　　　　　　　　　　　　　信长

　　信长通过近卫前久等几位敕使，依照天皇"圣意"，与本愿寺和谈，说到底还是为了让本愿寺从石山退去。前面已经讲过，本愿寺是天皇的敕愿寺，若无天皇、朝廷的旨意就肆意胡来终究还是不行的。

　　信长接近朝廷，有提高天皇权威的趋向，由于这部分与本书主题无关，在此就不多讨论了。然而，这同时也让本愿寺作为敕愿寺的威名提高了，我们来具体谈谈这一点。

　　关于本愿寺在收到信长誓文之后是否退出石山，显如说："我与寺中众人商谈了。我请教了杂贺众长老们的意见，大家认为已无实现（胜利）的可能，遂决定接受对方的条件。"（十一月十七日显如致美浓厚见信徒书信，《圆德寺文书》）

　　显如说，在听取了本愿寺重臣及杂贺众长老们的意见之后，决定接受信长的誓文。那么果真如此吗？

仔细看前面的七条和谈条件，信长表示①"赦免所有人"，也就是说石山寺内及各要塞驻守者全部被赦免无罪，他们的性命将得到保障。

然而相反的是，②"大坂退城"是绝对的条件。②⑤⑦三处也出现了"大坂退城"的字样，这就更明显了。

于是在本愿寺内部，成为最大问题的就是：

第一，到底应不应该退出石山？

第二，退城的只包括被称作本愿寺御坊的寺院伽蓝部分及住在这里的宗主显如一家，以及主要坊主，还有被称作内众的家臣吗？还是八町寺内町全体居民都需要搬走呢？

第三，如果本愿寺要退出石山，接下来搬到哪儿呢？

第四，"卑劣的背叛者"，也就是经常打破约定的卑劣者信长，真的能够信守誓言吗？

显如无视寺内町的不安而接受和谈

关于第一点，毫无疑问，赞成和反对的声浪沸腾了起来，不过这时究竟谁是退城派，谁是死守派，并不是十分清楚。

然而，显如及其妻子如春是退城派的中心这一事实渐渐明确。此外，死守派的中心里有杂贺众势力。他们有的人对"京都来的使者"暴行相向，态度是十分明显的。

关于杂贺众的暴行，杂贺长老凑平大夫高秀、冈太郎次郎吉正、狐岛左卫门大夫吉次这些杂贺庄长老，以及松田源三大夫定久、铃木孙一重秀这些十乡长老联合署名了一封道歉信："万事仰仗听凭门迹（显如）的意思。"（三月二十日致下间赖廉书，《本愿寺文书》）然而，他们仍然对退城抱有强烈的不满。

接着，退城的对象仅仅包括本愿寺还是将所有寺内町居民也包括在内，这个问题的答案又是什么呢？

关于这一点前面已经提到，信长的目的是控制本愿寺的土地及寺内町的生产、交易能力，应该是仅仅要求本愿寺退出去，对于寺内町及其居民则维持原状，赦免其罪吧。

但是，由于这些条件在信长誓文中没有得到体现，这让寺内町的居民深感不安。这与第四个问题也有关，攻打伊势长岛的时候，信长虽然已经允准了开城投降，却仍然欺骗了他们，将两万人尽数屠杀。这样一个"卑劣的背叛者"织田信长的约定是不能相信的——这是寺内町多数居民的想法。

死守派的教如说"信长的背叛是眼前就会发生的事"（四月二十一日致甲州坊主众及信徒书信），教如对信长的不信赖与寺内町居民是一样的。

然而，以显如为首的本愿寺首脑，却没有将如何消除寺内町居民的不安这一点过多放在心上。终于，显如在知道死守派的这一主张之后，在给拒绝退城的教如的信中说：

> 町人们（寺内町居民）担心他们的家产，各有各的诉求。我想要保全他们的身家性命，才做此决定。（闰三月二十五日致教如书，《本愿寺文书》）

也就是说，寺内町的人们太过担心自己的资财了，讲了很多的话，然而自己正是为了救他们性命，保住他们的生活，才接受了这次的和谈而退城。

的确，这时本愿寺的撤出已经是不可避免的了。然而，显如对这些构成本愿寺并且维系着本愿寺的寺内町居民的想法并未充分考虑。

这不仅是对本愿寺珍视信徒的传统及信仰的背弃，也亲手将这种信仰所派生出来的民众自由及自治力——也就是寺内町的特性——给抹杀掉了。

本愿寺的转移目的地是安艺还是纪州杂贺？

接下来第三个问题是，本愿寺如果撤出的话，将在何处再兴的问题。

其实在前一年年末敕使持正亲町天皇的女房奉书来的

时候，本愿寺的首脑就已经在以石山退城为前提，寻找转移地点了。其间发挥关键作用的是下间赖廉和下间仲之。

他们二位所考虑的转移地点是安艺毛利氏辖地内。

> 我们数次殷切地希望转移到艺州（安艺）去，然而宇喜多已有二心，与我们不是一条心。（四月二十一日下间仲之、赖廉联合署名致本善寺书，《本善寺文书》）

本愿寺再三向安艺询问转移之事，但毛利氏以宇喜多直家的背叛为借口拒绝了。前将军足利义昭在被信长驱逐而意欲去安艺时，毛利氏也是拒绝的。毛利氏以尽可能避免与信长的直接冲突为原则，一贯不做火中取栗的事。

信长的想法是，并不干涉从石山撤出的本愿寺将搬往何处。

据《信长记》（卷第十三）记载：

> 关于该门迹（显如）的长袖（和尚）们，他们可以继续存续下去，我允许他们搬到任何地方。

然而，一点儿也看不出信长有要让本愿寺搬到自己领地内的意思。

之后的丰臣秀吉，将本愿寺从杂贺请到贝塚，进而到大坂城下的天满，是因为想要将本愿寺置于其控制之下。他接受本愿寺的目的是削除其麾下杂贺众势力。

无论如何，本愿寺即便撤出去也没有地方接收，能够依赖的就只有长期以来支持本愿寺的杂贺了。

杂贺的和歌浦弥勒寺山，有莲如在冷水浦开创的念佛道场（冷水御坊了贤寺），这是经过黑江（黑江御坊净国寺），由证如迁到此地的。证如将杂贺看作在万不得已的情况下可以代替石山的转移地点。显如也遵循了证如的先例。

然而杂贺与毛利氏一样，由于之前长时间遭受信长攻击，如果迎入本愿寺可能还会再次成为攻击对象，因此对本愿寺撤出石山表示反对。

主张退城的显如和如春

据《信长公记》记载，环顾周围局势，认为退城已经不可避免，从而主张只能接受信长条件的是以"门迹（显如）、北之方（如春）"为首的下间赖廉、下间仲之、下间赖龙，也就是下间三家老，以及"下间丹后、平井越后、矢木骏河、井上、藤井藤左卫门尉"（卷十三）等人。

这里需要注意的是"北之方"，也就是如春。如春据说与显如同年，因而此时是三十八岁。她与显如生养了教如（光寿，二十三岁）、显尊（佐超，十七岁，兴正寺证秀的养嗣子）、准如（光昭，四岁）三个儿子及一个女儿。

在这个时代，女性出现在议和交涉中是非常罕见的，从战国女性史的视角来看有着非常重要的价值。这里简单介绍一下如春。

如春能够参加和议，首先是因为她生在公卿三条家，与敕使近卫、庭田、劝修寺亲近，也因为她的意见从本愿寺的外部一直影响着宗主显如的决策。

后面还会提到，本愿寺向朝廷交出誓文，表明退城是在闰三月五日，两日后，信长按照"递交誓文的人数"向递交誓文的人赠予了黄金。

这时，信长向显如赠予黄金三十枚，下间三家老每人赠予十五枚。此外，信长向如春赠予二十枚黄金，比家老们还要多（《信长公记》卷十三）。

这说明如春不只和显如及家老一样支持和议、赞同退城，她也像显如等人一样通过敕使向信长交出了誓文。

不过，"递交誓文的人数"中没有教如的名字，教如也没有得到黄金，这也许是因为他并没有递交誓文。然而，退城派的显如和死守派的教如在真正意义上的对立，是在显如已经写了誓文的情况下，教如仍然违约，而显如对其斥责之后。关于这个问题，我们后面再来细说。

如春与"大坂退城"和议的关系很深，而且公开参与进来，这在主张彻底抵抗的教如派横田孙九郎四月二十二日给加贺"御众所"的书信中也能看出来。这封信是了解叫嚣"死守石山"者想法的珍贵史料。

掌管本愿寺的"女宗主"如春

接下来将要引用的书信的作者横田孙九郎，是教如的侍者，应该直接耳闻目睹过如春的言行。

然而在《本愿寺法难史》（昭和九年出版）中转载这封书信的上原芳太郎，将该书信描述为"极度感情用事，不合常规。本愿寺分裂为东西两个之后，后来那些为教如辩护的学者们，对教如的亲生父母恶言相向，大概就是从这封书信的荒唐言语中来的"，他将支持教如行动的人痛骂了一顿。

横田孙九郎的书信甚至卷入后来东西本愿寺学者们的论争当中，从这一点讲，它的重要性毋庸置疑。下面把全文附在这里。

御众所：

近来确实收到了您的来信。之前我向您陈述了我的意见。

一、我非常担忧野野市（加贺金泽郊外）的灭亡。不过了解到并无很糟糕的情况之后，我总算放心了。

一、这边的情况是，和议已万事俱备，御所大人（显如）这个月（四月）九日就要撤去杂贺了。

然而新门主（教如）则认为，信长的背叛是眼前就会发生的事。贺州（加贺）的事情就是前车之鉴，然而御所大人并未听取新门主的意见。

尤其是，如果本寺（本愿寺）灭亡，十日之内杂贺也必覆灭。再者，要将开山祖师亲鸾圣人的圣像安放之地交给信长，实在是令人悔恨之事。请务必以在本寺灭亡的觉悟坚持下去。

然而，如春大人之指示糟糕透顶。这是她自己的决定。天下之事渐渐恶化到今天的地步，是她的所作所为所致。

近期无论何事，将来的事还是要看新门主（教如）按他的想法行动。特别是国中之事也照以前的样子吩咐下去，各种事情都务必要先有充分的觉悟。

如春大人必然还会下达各种各样的指示。御所大人（显如）所做出的决策，也一律是如春大人的想法而已。刑法（下间赖廉）、少法（下间仲之）也附和她的意见。按察（下间赖龙）与我的意见一致。

按〇（阙字）也是一样。其他人各执一词，这里就一笔带过了。拜托各位继续为本寺尽心尽力。诚惶诚恐。

卯月二十二日　　　　　横孙九（横田孙九郎）

　　　　　　　　　　　〇〇〇（花押）

　　　　　　　　　　　　　（西本愿寺藏）

这封信中说，如春掌控了一切，与信长和谈一事也好，本愿寺退出石山也好，都是如春的考虑；甚至还清楚地言明，今后本愿寺的所有指令，也全是如春的判断。

如春对夫君显如及本愿寺有多大的影响力由此可见一斑。她的影响力在与信长的和议中发挥的作用，从信长赠予她的二十枚黄金中足以看出。

此外，这封书信中明确写出，下间三家老中，下间赖廉和下间仲之与显如、如春一同退出石山，另一人下间赖龙则追随教如留在石山。

显如在书信中对"下间三家老"低头

我的叙述顺序与事实相反，本愿寺接受信长誓文，并向敕使递交退城誓文，其实是在闰三月五日。同一天，显如也向敕使递交誓文，这时，据说一模一样的教如的誓文也被递交了上去。

如果这样的话，教如的名字应该在"递交誓文的人数"之中，也应该在黄金赠予对象之列。然而事实并非如此，是因为教如虽然写了誓文，却拒绝交出吗？关于这一点，有必要进一步考察。

可想而知，在递交誓文之前，石山本愿寺内议论纷纷。我们来略微看看这一过程。

信长看到本愿寺对接受和谈条件的迟疑，应该会加紧催促。他一面在摄津尼崎的塚口和西宫下发禁止违法乱纪的禁令文书，一面加强了对尼崎城和花熊城的攻击态势。

再者，面对本愿寺对退城以后加贺二郡得不到归还的担心，信长在闰三月二日下发朱印状，明确约定将遵守誓文。发布誓文，可以看作他让议论纷纷的本愿寺平静下来的一种手段。

另一方面，在本愿寺的内部，意见还没有达成一致。特别是下间三家老对誓文的提交犹疑不决，为了宽慰三人，显如专门写了一封不寻常的书信，约定要像以前一样厚待三人，乃至子子孙孙。

芳春轩　　　下间刑部法眼（赖廉）

　　　同　按察法桥（赖龙）

　　　同　少进法桥（仲之）：

石山本愿寺之战

下间仲之画像 （大阪城天守阁藏）

下间仲之为下间三家老之一，另外两人是下间赖廉、下间赖龙

热水也好冷水也罢，各位应尽心尽力，以求佛法兴隆。

三番两次将誓文的事情拜托诸位，给你们添麻烦了。然而千钧一发之际，为报祖恩，也应尽力而为。纵然诸位对身家性命之事有种种担忧，我对诸位直到子子孙孙，也绝不改变初衷。诚惶诚恐。

后三月二十日　　　　　显如（花押）

（下间宝物帐，龙谷大学藏）

日期是递交誓文的三月五日以后，因此三家老的誓文可能是显如誓文递交以后补充上的吧。

可能是因为收到了显如的书信，下间三家老的态度软化了，写下了如下誓文和起请文。

庭田殿（收信方）

劝修寺殿（收信方）：

敬白

一、本次既然依据天皇陛下的敕命得到赦免，就应按照诸条款商谈，万事齐备，绝不可有背叛、违约的情况出现。

一、对方派人质到大坂，中国地区、杂贺以及其他各处不必派遣人质。然而退城之时，人质也应与我们同行，直到安全之处，立即返还。

一、杂贺众继门迹之后也应做好准备，拜托他们提交誓文。至于大坂、杂贺的人质问题，中国地区及其他地方不必再派遣人质。

一、退城的约定日期为七月盂兰盆前。

一、大坂退城之时，花熊、尼崎及其他各支城一并开城交接。

敬白起请文

以上内容，既然尊奉天皇敕命，本寺得到赦免，就应按照以上五条，绝不违反，遵照门迹（显如）的所托立下誓言，不得违背各项条款，绝无二心。（下略）

> 天正八年闰三月五日
>
> 下间少进法桥（仲之）（血手印）
>
> 同　按察法桥（赖龙）（血手印）
>
> 同　刑部法桥（赖廉）（血手印）
>
> （《金錀记》《阴德太平记》）

反对"敕命讲和"的教如誓文的去向

这篇誓文对信长誓文是全面认可的。然而，表面上的话仍然是本愿寺在朝廷的斡旋之下门迹显如才接受了条件，在其指示之下下间三家老遵守了信长誓文提出的要求。换言之，就是所谓的以天皇敕命为依据的讲和——"敕命讲和"。

另一方面，显如也向敕使提交了誓文。

庭田大纳言殿（重保）、劝修寺中纳言殿（晴丰）：

向禁里（天皇）陛下陈情，门迹御制止一事

本次多亏天皇陛下旨意，本寺得到赦免。遵照七条，我们并无异议，实在是惶恐至极，喜悦至极。我方则列出五项条款，托长老重臣三人写下誓文，向陛下进献，绝无半点虚言，应无背叛、违约之事，无二心。为此让三人立誓。如果三人有丝毫违反上面提到的情况，必按照誓词受罚。特此奉达。诚惶诚恐。

天正八年闰三月五日　　　　　光佐（显如）

据说教如有与此内容相同的誓文。然而，信长派去检查笔迹的使者青山虎并未直接见到教如的笔迹。誓文书写使者要在场见证，亲眼确认是本人的署名、盖章。

经使者青山虎直接确认的，只有下间三家老及显如、如春五人递交了誓文。前面也讲到过，他们作为"递交誓文的人数"被记录下来，每人得赠黄金。

递交誓文的人数

下间少进法桥（仲之）	黄金十五枚
下间刑部卿法桥（赖廉）	同十五枚
下间按察法桥（赖龙）	同十五枚
北方（如春）	同二十枚
门迹（显如）添状	同三十枚

这里没有教如的名字。"门迹添状"三十枚里面有可能也包括了教如的部分，然而即便如此，赠予如春二十枚，这在分配上也并不均衡。

因此，或许教如虽然也写了誓文，但在使者面前拒绝签署，对和议表示反对。

这就成了本愿寺一分为二、彼此对立的导火线。

第八章　本愿寺被焚

——显如、教如父子对立与本愿寺分裂的背景

八月二日未时，杂贺、淡路离数百艘船前来迎接，以近年来各支城的守卫者为首，大家各自依照各自的关系向四面八方散去，犹如蜘蛛的幼虫一般散开。终于时候到了，狂风吹来，火把的火星被吹散，伽蓝被烧得一干二净。三天三夜，浓烟如黑云一般。

（《信长公记》卷十三）

信长表示把亲儿子派作人质

石山本愿寺内部退城派和死守派的对立已经是板上钉钉的事了。

不过，讲和后，信长再次下发了保证加贺本愿寺领地归属的朱印状，以期打消本愿寺的疑虑。

再者，天正八年（1580）闰三月十一日，信长向各地的战将下达了与本愿寺停战的指令。此后，他告诉在播磨英贺的羽柴秀吉：

致羽柴藤吉郎（秀吉）：

关于大坂赦免一事，其所辖寺内町、下属寺院可以存续。播州英贺立即停战。再次通知。

　　　　　　闰三月十一日　　　　　　信长

（《南行杂录》）

信长告知羽柴秀吉，准许本愿寺及下属寺院存续，并下令停战。播磨的英贺有院家本德寺，其住持是本愿寺族人教什，显如的妹妹显妙是他的内室。以本德寺为中心的下属寺院"播磨六坊"，一直与羽柴秀吉处于交战状态。

停战命令也向石山进攻总司令佐久间信盛、佐久间信荣父子，以及封锁着大坂湾的九鬼嘉隆、泷川一益下达了。其中信长对佐久间信盛做出了如下指示：

> 关于大坂赦免一事，对进入其寺内的道路，无论海上、陆地均准予开放，务必将此指令传达到最下一层。淡轮等地也应好好传达这一指令。此外，给大坂的誓文，应恰当地备好送到。关于人质的问题，我将以亲儿子为人质。（同前）

通往本愿寺的海陆道路均给予保障，连接纪州和大坂的淡轮等地也彻底地实行此命令。

这是以显如及本愿寺将转移到纪州杂贺庄鹭森为前提的命令，信长指示保障道路畅通。

此外信长还下令发出誓文。如果这个誓文是指三月十七日的誓文，可能是在确认了本愿寺提交的誓文之后，信长才将他的誓文送交本愿寺的吧。

再者，信长明确表示要"以亲儿子为人质"。

我们不知道这位亲儿子的名字叫什么，信长派遣亲儿子做人质是极为稀罕的事情。因此，他才与下间三家老约定说，人质不再派遣到中国地区（毛利氏）和杂贺那里去。信长何等期待与本愿寺讲和，由此可想而知。

支持信长"卑劣背叛"的诚仁亲王书信

那么，接下来成了大问题的，就是向加贺战场的柴田胜家下达的停战命令了。

> 致柴田修理亮（胜家）殿：
>
> 　　大坂之事已赦免，贺州（加贺）立即停战。不过，目前已控制的城塞，应继续守卫不出。再次通知。
>
> 　　　　闰三月十一日　　　　　　信长（朱印）

在这里，信长命令加贺停战，然而对于到此时为止已经占据的要塞和城池，信长命令他们继续守备下去。同一天，信长与本愿寺约定，既已赦免，必将加贺国归还本愿寺。

然而柴田胜家在两天前渡过了手取川，侵入北加贺石川、河北二郡。他在石川郡的宫之腰（金石）布阵，将野野市的本愿寺军击破。甚至河北郡的木越光德寺也被攻陷，柴田军一直打到能登、越中国境。

别说是听从信长的停战命令撤兵了，柴田胜家甚至还对本愿寺势力的据点金泽御坊发起了攻击。信长知道此事后，非但没有斥责其出格举动，反倒对其赞誉有加，甚至奖赏其军功，并命令其进攻能登：

> 贺州恶徒过半被消灭，实在大快人心。（闰三月三十日致长连龙书，《长家文书》等）

信长军的动向当然也传到了石山寺内。这一体现信长"卑劣背叛"的事件激怒了本愿寺内部，他们对和谈的不信任感越发强烈。即便本愿寺退出石山，信长也会撕毁协定，歼灭本愿寺及寺内町居民——这样的预感越来越显得真实。

然而，显如毕竟是以正亲町天皇的"圣意"为大义名分，来与信长和谈，并说服反对派提交誓文的。信长却践踏了这样的"圣意"。

因此，保守派认为显如遵循"圣意"讲和的根据已经破灭，就是理所当然的了。

信长或许看破了本愿寺的动静，他让正亲町天皇的皇子诚仁亲王写了封书信给显如，催促他快快退城，离开大坂。

> 致本愿寺僧正御坊：
>
> 本次的和谈并无特别的状况，前右府（信长）

的努力，将成为佛法繁荣的基础。接下来（本愿寺）若撤出大坂，则万事合宜。这也是天皇陛下自己的意思。具体的事情源（庭田）大纳言、劝修寺中纳言二人将会告知。惶恐惶恐。

　　　　　　　　　　花押（诚仁亲王）

　　　　　　　　　　（《本愿寺文书》）

诚仁亲王是与信长走得很近的人。天正元年以来，信长催促正亲町天皇退位，将皇位让与诚仁亲王，再三向天皇施加压力。

前一年的十一月，诚仁亲王把家搬到信长献上的二条新御所，在那里举行了与以近卫信基、九条兼孝为首的摄关家等五十名公卿的会面仪式，简直是向世人宣布信长立了"新君"一样。

诚仁亲王将信长的和谈视作佛法繁荣之举，欣喜不已。他再次将正亲町天皇的想法传达给本愿寺，告诉本愿寺一旦退城，万事都将水到渠成。这是在要求显如及下间三家老履行誓文，确认大坂退城已为既成事实，并委婉地请求本愿寺立即践行和约。

这是信长的迂回战术，让显如陷入无法回头的境地。纵然信长单方面将"圣意"当成废纸，被"圣意"束缚住的显如却越来越没办法违反"圣意"了。

支持死守派教如的杂贺众和寺内町

面对显如等退城派，以杂贺众为中心的死守派对京都来的使节们暴行相向，一开始就对"圣意"之下的讲和抱有不信赖感。在他们眼中，"圣意"也好，敕使也好，无非是信长独断的另一种说法罢了。

这样的事实变得明显起来，是在信长明明承诺归还却仍旧自南加贺二郡侵入北加贺二郡之时。这简直是在眼前打破了与本愿寺的约定，无异于视"圣意"如无物。

因此显如尊奉"圣意"讲和的说辞，说服力一下子弱了不少，反之在石山寺内涌出的是拒绝退城、彻底抗战的声浪。

接纳了死守派主张的，就是显如的嫡长子教如。

教如光寿，永禄元年（1558）九月十六日生于石山本愿寺内，是显如和如春的长子。他的亲生母亲是如春，然而本愿寺相关文书以外的江户时代的书籍，诸如《庆长见闻录》《关原记》等，则说教如并非如春亲生儿子，而是正妻以外的女子所生。

这是根据教如接任显如宗主之位后，被如春褫夺宗主之位，被迫传位给准如的情况来做出的推测吧。

当初莲如在继任本愿寺宗主时，继母如圆试图让她的

教如画像（真宗大谷派茨木别院藏）

亲生儿子应玄继承大位——对教如的臆测也有这样的背景，这让人想到本愿寺特有的骨肉相争之寺风。

无论如何，教如是在显如和如春都十六岁的时候出生的。教如的成长经历和性格我们并不清楚，总之在他二十三岁前身心成长健全之际，本愿寺和信长之间的战争就已经开始了。

因而教如除了日常的信仰生活之外，也染上了十足的尚武之风。

教如违背父母接受敕命讲和的意向，毅然拒绝退城，决定与信长抗战到底，是在信长的"背叛"日趋明显的闰三月十三日。

这天，教如给纪州杂贺众写信，对他们说本愿寺若与信长达成和议，而信长与毛利氏、上杉氏、武田氏未达成和议的话，本愿寺最终将会遭信长军马的蹂躏。教如向杂贺众请求派遣援军：

> 杂贺众、寺内的诸君们长年坚守、身心疲乏。虽然这样的状态持续已久，还请这一次无论如何也要尽可能地助本寺（本愿寺）一臂之力，抱战死于亲鸾圣人圣像前之觉悟。[致了顺、（凑）平太夫、（松江）源三大夫、（狐岛）左卫门大夫、（冈）太郎三郎、杂贺众书，《本愿寺文书》]

教如说，要死守石山，抱战死之觉悟。收信者除了了顺以外，是之前对"京都的使节"暴行相向，而后被迫谢罪，向显如宣誓忠诚的杂贺长老们。他们是杂贺庄和十乡的长老，杂贺庄里有本愿寺的搬迁目的地鹭森。

本愿寺如果搬到鹭森，信长有毁约的可能。大家十分不安，担心信长会进攻杂贺，将其消灭。如果是这样的话，倒不如在目前尚出色地坚持着的石山与信长决一死战，这么想也就是理所当然的了。

希望继续在石山寺内町生活下去的寺内町居民们当然也在背后表示强烈支持。

显如依据血脉发动"宗主权"

显如在知晓教如向杂贺众求援后，同一天向"纪州信徒"发出了这样的书信：

> 紧急来信。这两三天以来，家中听到一些说法。是说向纪州要求大规模的援军一事。这是事实吗？我（显如）一概不知。除了去年要求的两百名轮番队之外，再要求援军是无意义的。大敌当前，家中却出此混乱，真是佛法灭尽啊。除了我所下的命令之外，其

他人所托之事，皆不可听从。（《本愿寺文书》）

教如向纪州信徒募兵，显如一概不知。显如还说，除了两百人的轮番队之外，没有必要再派人来石山了。

轮番队的招募是为了护送显如及御堂中安放的亲鸾圣人圣像到杂贺去。显如特别担心，如果亲鸾圣人圣像被死守派得到的话，即便显如去了鹭森，那里也不是本愿寺，圣像所在之处才是本愿寺。

另外显如还说，除了自己以外无人可以给信徒下命令，他否定了教如的指令。这就是除了宗主以外无人有权向信徒下达命令的"宗主权"。

莲如以后，逐出师门、驱逐、死罪（杀害或切腹）等控制坊主和信徒的"宗主权"偶有行使，但如此明确主张宗主权的宗主是绝无仅有的。

然而这封书信中表现出的显如"宗主权"在二十一日教如的檄文里遭到了明确否定：

援军一事，是显如大人所支持的事。因而这个指令丝毫不可信。（致杂贺集团书、闰三月二十一日教如书信，《本愿寺文书》）

这时，显如和教如父子的对立已经无可挽回，本愿寺的分裂显而易见。

于是显如为了行使绝对"宗主权",宣称自己是亲鸾圣人正统血脉的继承者,是传佛法之人。如果自己性命终结,那么佛法也将断绝。他打出了血脉带来的绝对"宗主权"这张牌。

这样的状况在接下来这封显如书信中得到了体现,本愿寺的变化在此表现得淋漓尽致:

> 本寺和谈一事,在死守无望的情况下,依圣上旨意终于达成。具体来讲,我(显如)若殒命,则本愿寺的法流就此断绝。悲叹至此,请诸君三思。家中出的混乱,简直是岂有此理,这事如果让敌人知道就不得了了。具体的情况先前已经告知诸君。关于法流的问题,此外不可再出状况。本次要求派遣大规模援军的传言,是何人所讲?这样的命令除了我之外没有人有资格下达。目前,为了保护开山亲鸾圣人圣像离寺,迎接圣像的船只和警卫应该早些派来。纵然辛劳万分,也请不要迟延。(闰三月二十七日显如致纪州信徒书信,《本愿寺文书》)

这封书信对于了解显如的想法和立场至关重要。此外,这封信也如实地反映了此后本愿寺发生的变化。

显如将"大坂退城"正当化的意图

第一，本愿寺的讲和说到底还是尊奉天皇圣旨的"敕命讲和"，是绝对重视天皇权威的表现。这是对亲鸾圣人以来与权力、权威保持距离的本愿寺立场的改变。这样的变化，与本愿寺拒绝任何干涉的信仰内核及自由原则有关。

以阿弥陀佛誓愿的绝对平等与自由为基础的本愿寺信仰，遭到了天皇权威、信长权力的介入，出现了可以怀柔的余地。显如的这一改变，最终将成为丰臣秀吉乃至德川家康等当权者对其横加干涉的契机。

第二，显如的死等于亲鸾以来的血脉断绝，同时也是法脉的断绝，显如的这一断言，使得信仰的主体从信徒转变为本愿寺的宗主。这是将最为重视血脉联系的天皇家与本愿寺宗主的地位重叠起来。本愿寺宗主的地位就是从这时开始加速提升、日益显贵的。

第三，纵然本愿寺内部产生了对立，显如也没有采取说服解决的措施，而是以保全自己的性命等于保法脉为理由，固执地坚持"大坂退城"。他强调除了自己以外无人有发令权这一"宗主权"，表明自身立场的正当性。

书信中说，由于自己要与亲鸾圣人的圣像一同去纪州，应该尽快派遣船只和警卫来。因为敕命讲和的条件是在"七月盂兰盆以前"完成"大坂退城",所以他回避了解决"家中的混乱",在三个半月前决定退城,并下令做好准备。

这可以说是为了回避本愿寺内部对立的进一步深化而尊奉天皇敕命的做法。即便说显如放弃了统率和团结整个教团的"宗主权",这也是没办法的事。

过去莲如为了遏制加贺、越前地区"一向一揆"动乱的扩大,从吉崎御坊撤出。将莲如的形象与显如对比,显如为了避免混乱而提前撤出的举动堪称英明。

然而,虽然局势已变,坚持抗战十年的宗主显如却在未能充分解释清楚之前就早早决定退城,这对于长期以来支持本愿寺的人们而言,毫无疑问是无法接受的。

至少,拥立教如的死守派认为显如已经失去了宗主的资格。于是,到处流传的谣言说显如已然隐居,教如继任新宗主了。

事实上,显如也称教如为"新门主"(闰三月二十五日致教如书,《本愿寺文书》),显如撤退以后,信长也把教如叫作"新门主"。

显如奉圣像转移至纪州杂贺

显如努力地试图说服教如,教如却一点儿也不理会。

致新门主：

退城之事，乃是依据天皇陛下的旨意。本寺建立文书（莲如御文，明应七年十一月二十一日）里面说"撤出的情况"，你没有听过吗？但是，你这样的想法（为什么）以前没有说过呢？如果我（显如）命丧于此，光寿（教如）法印你的结局也是一样的吧？如果那样，法流的存续就此终止，真就是天大的祸事了。

再者，町人们（寺内町居民）担心他们的家产，各有各的诉求。我想要保全他们的身家性命，才做此决定。我上面所讲的事，请你三思而后行。

闰三月二十五日　　　　显如（盖章）

（《本愿寺文书》）

前文介绍了这封书信的一部分。显如称教如为"新门主"自不必说，显如还提到寺内町居民，这是因为教如拒绝退城的理由也在于此。

然而，显如的说辞并未说服教如。教如不仅对杂贺众，还对加贺信徒等言明，要从佛敌的手中死守石山本愿寺到最后，寻求他们的理解和援助。

这时显如认为，教如的态度是对朝廷救命的违背，也打破了与信长的约定，甚至还是分裂全国信徒的举动。

石山本愿寺之战

于是，在七月盂兰盆以前，四月九日，显如奉亲鸾圣人圣像退出石山，前往纪州杂贺鹭森，将本愿寺移到那里去。

显如撤退时，石山寺内一片骚乱，铃木孙一等十一名杂贺众长老对下间三家老说，只要把圣像交付"新门迹"（即新门主），就立即开船。

圣像如果还在石山，那么就成了本愿寺仍在石山之内的证据。显如将装在黑箱中的圣像交给教如，实际上秘密地将真正的圣像带走，撤去了鹭森。

根据《信长公记》（卷十三），显如撤出石山一事如下：

> 四月九日，本愿寺退出大坂。门迹（显如）向新门迹（教如）交接。近年来有杂贺、淡路岛的人越山而来，在石山娶妻生子，他们对离开石山很为难，遂另立新门迹。有人提出首先让老门迹（显如）、北方（如春）撤出，护送他们离开，并阐述了各种理由。新门迹也表示赞同，于是回复如上。老门迹（显如）、北方（如春）、下间、平井、矢木等将理由告知敕使，而后求得去杂贺的船只，于四月九日从大坂退出。

根据这段史料，杂贺和淡路的信徒当中，有的在石山寺内有妻儿，他们反对门迹退出石山，于是拥立了新门迹教如。另外，教如也赞成显如等人撤退，显如在与敕使联络之后退往杂贺去了。

显如退城之时，信长一面命令细川藤孝、中川清秀在尼崎停战，一面命令包围石山和五十一处要塞的支城加强守备。

面对本愿寺的分裂，信长也采取了两种手段。

然而信长果真察知了本愿寺的秘密动向，下达了与之相符的指令吗？

显如、教如"父子密谋说"的背景

从现象上来看，退城派的显如和死守派的教如之间的对立难以缓和，然而事实上也有人认为显如、教如父子是在耍阴谋诡计。辻善之助的《日本佛教史》第七卷"近世篇·第一"里面，就按照江户时代给出的理由，以"父子密谋说"来进行叙述。

主要的理由是，显如和教如父子步调一致，接受敕命讲和，在同时退出石山之际，受到"卑劣的背叛者"信长的攻击，本愿寺有完全灭亡之危险。于是显如带着圣像退到纪州，保障自己的生命安全。

石山本愿寺之战

另一方面，教如则留在石山，坚持抗战，牵制信长军，在看到显如平安撤退之后，才从石山撤出——这是他们的战略。

> 父子俩佯装意见不合，于是显如先行退至纪州，教如暂留石山，牵制织田氏，观望形势变化，见父亲到达纪州之后，与父合流。然而此后面对织田氏，二人在表面上表现出父子已恩断义绝的样子。（同前）

如果从策略上来看"父子密谋说"的确可以得到首肯。然而，如果显如、教如父子真的是出于策略而完全采取相反的举动，可以说他们根本没有考虑到那些看到他们的举动而信以为真的人。

极端点说，本愿寺的宗主父子为了保全自己的性命而背叛了支持他们的信徒。这是事关本愿寺本质的大问题。

确实，教如在显如撤出时，向各地发出书信，寻求他们的支持，请他们来石山。另一方面，显如则宣称自己对教如的指令一概不知，对他们协助石山之事竭力拒绝，命令他们去鹭森参拜。

这种截然相反的命令使信徒们陷入混乱和对立。而且显如还对不遵守命令的坊主和信徒处以逐出师门、驱逐出境之处罚。这也让支持本愿寺的坊主、信徒们愈发混乱，让他们进退两难、陷入分裂。

两年后，宗主父子二人遵照皇命重新修复关系，而曾经分别支持他们的人们，虽然曾是"同朋同行"却不能再握手言和，正是出于这个原因。这也是本愿寺分裂为东西两派的大背景。如果这真的是"父子密谋"的结果的话，那么分裂的责任要由显如和教如来承担，这么说一点儿也不过分。

不过，真的存在宗主父子的密谋吗？想要真相大白，就必须看看显如退城以后显如和教如的动向，以及信长的应对。

是信长死，还是坊主（教如）死？

显如一面斥责死守石山的行为，一面对信长及敕使表态遵守敕命讲和，寻求他们的理解。

对此，信长向杂贺众下发朱印状，禁止他们协助石山，将留在石山的人召回，并封锁道路（五月二十三日）。

六月，杂贺众的杂贺庄土桥兵卫（平次）与根来寺杉坊照算、泉识坊快严，表明支持鹭森的显如，向织田一方提交誓文，宣告不支持石山。他们的举动是基于显如和信长的立场的。

石山本愿寺之战

显如在撤出石山之后，首次向安土城的信长派出使者。他们是与显如共同行动的八木重仍、平井祐专、藤井藤左卫门三人。他们三人七月二日与敕使近卫前久、庭田重保、劝修寺晴丰一起，经佐久间信盛、松井友闲通报，奔赴安土城。

但是根据信长给佐久间信盛和松井友闲的朱印状，由于大坂的事情还没有解决，就这样跟本愿寺的使者会面实在丢脸，信长遂让嫡长子织田信忠去与他们会面。不过如果不会面的话，终究会招致"背叛"的猜疑，信长终于还是趁夜避开众人耳目与他们会面了。信长的神经质可见一斑（六月二十三日致佐久间、松井书，《本愿寺文书》）。

信长在书信中说：

> 大坂一日不能存续，现在这样的情况，是信长死，还是坊主（教如）死？就这两种可能而已。

就本愿寺的问题而言，这是信长的死期，还是教如的死期，二者必选其一，信长如此断言。

信长做出如此觉悟，可以说是他认识到石山本愿寺之战将成为旧时代向新的武家支配时代过渡的重要转折点。

长久以来，信长与本愿寺信徒持久作战，对他来说，拒绝领主的控制，自由经营的信徒们是他最大的敌人。能够控制这些船夫、渔民、商人、手工业者的自由贸易，是他一统天下的根基所在。换言之，为了确立专制君主体制，就必须要将这些中世的自由民编入体制。

当然，以本愿寺为中心的信徒势力，对信长的控制一律拒绝，保卫着他们中世以来的信仰与生活的自由。从这种意义上讲，"一向一揆"就是保卫中世自由民生活的战争。

本愿寺的首脑在信长的武家逻辑面前屈服

是开辟专制体制，还是维持中世的自由特权，这是信长与本愿寺的战争背后的根本因素。这就是水与油的关系，信长充分地认识到了这场战争的重要性。"是信长死，还是坊主（教如）死？就这两种可能而已。"要么教如要么自己总有一个要死这种说法，正表现了这场战争的真正意义。

在这种意义上，本愿寺也体会到了战争的意义，于是彻底奋战，当战况对己方不利时，就力保本愿寺的存续，以此作为最后手段。于是本愿寺分成了退城派和死守派，平稳地投降这一策略得以成为可能。从这个角度来看的话，"父子密谋说"也是成立的。

显如称死守的教如派是"无用之人的所为，企图背叛天下"，"家中的耻辱不过如此"，"岂有此理，卑劣的举动"（八月三日显如致加贺四郡中、铃木出羽守、山内总中书信，《本愿寺文书》），对其不惜恶言指责；另一方面，显如又派遣上述三名使者去安土城，向信长祝贺救命讲和的成功，并赠送银子千两，以表恭顺之意。

信长则赠黄金三百枚给显如一方，以作为和平的礼物（七月二日致本愿寺信长书信，《本愿寺文书》）。

据《信长公记》（卷十三）记载，此时信长再给了显如黄金三十枚，而北方（如春）收到二十枚，下间三家老每人十五枚。

信长专门赠予如春黄金，从这里也可以看出，她在信长心目中是恭顺派的中心人物。此外下间三家老中支持教如、正在石山死守的下间赖龙也被赠予了黄金。

这是依据之前的"递交誓文的人数"做出的决定吗，或是这时候教如一方在七月二日决定了开城投降，信长收到了新的誓文，这才赐下黄金的呢？

我们再来看看教如的动向。

教如试图做最后的抵抗

关于显如撤退以后的石山寺内情况的史料十分缺乏，

只能通过教如和下间赖龙的书信来窥探他们的动向。

教如说，石山是莲如开创的本愿寺圣地，如果将其交给敌人的话，无异于佛法灭亡之举，他再次呼吁各地信徒集结于此。他的檄文向北发送至奥羽到北陆一带，甚至包括甲斐、美浓、尾张、近江、山城、摄津、纪州等地。

然而，石山周边多地已经在信长的控制之下了。教如所期盼的协助并没有到来。而且，与石山协作的人会受到显如的责难、召放①及严惩。

与之相对的是，教如宣传说，丝毫没有畏惧显如处罚的必要，对"宗主权"予以否定。但是效果微乎其微，除了目前死守的人之外，几乎没有什么人前来相助。

再者，信长一方的包围圈十分牢固，进入大坂的人会受到严格盘问，尤其是由纪州而来的道路被封锁了。长久以来以净土真宗寺院为中心发展起来并与本愿寺协作的富田、枚方、久宝寺、贝塚等地寺内町，现在大多已经屈服在信长的淫威之下了。

甚至，秘密前来石山援助的人也受到了严厉的制裁。摄津味舌胜久寺信徒中与石山协作的人被信长一方杀害了（《胜久寺来由记》，石尾芳久《一向一揆与部落》所收）。

此外京都清水寺的真乘坊，因为到处散播鼓励加入石

---

① 镰仓时代以来对于武士的刑罚之一，即没收家臣的领地。

莲如画像（真宗寺藏）

山的文书，受到了没收住房的处罚。

显如和信长的攻势犹如勒紧脖子的丝带一样，教如唯一的希望就是安艺毛利氏的援军了。教如通过身在鞆之浦的足利义昭，请求毛利的援军。

但毛利军正在与入侵备前、美作（今冈山县）、因幡（今鸟取县东半部）的羽柴秀吉军的攻防中处于守势。这种情况下，毛利氏无法像以前一样向石山运输兵员和军粮。

七月二日显如的使者奔赴安土城的第二天，被包围许久的花熊城在池田信辉的攻击下陷落。花熊城中的荒木村重依靠毛利氏逃往尾道。同时，尼崎城也陷落了。

花熊城和尼崎城按协议应在石山开城之际移交。但是，这一连串的攻势是在显如接受和议后，反对和议者将遭到信长的讨伐这一名义之下展开的。

也就是说，石山死守派是本愿寺的异端，即便将其剿灭，也丝毫没有违反协议。同样的，开城时应开放的要塞也遭到了攻击，同月十三日，石山以东一里的辻要塞和安田要塞都陷落了。

西边的尼崎城、花熊城，东边的支城辻要塞、安田要塞的陷落，对石山而言是个巨大的打击。

或许看透了这一情况，近卫前久等敕使再度出动了。近卫前久带着七月十七日信长的誓文和起请文，开始与教如交涉。

教如得到信长对寺内町的保证

信长写给教如的誓文，内容如下：

本愿寺新门主：

诸条

一、以防万一，应派遣人质。

一、往返的下属寺院照旧。

一、贺州（加贺）在大坂退城之后应一并归还，不可出纰漏。

一、保全町人。

一、期限是八月十日以前。

七月十七日　　　朱印（信长）

敬白　起请

本次赦免光寿（教如）一事，具体情况按照以上诸条款处理，不可违反。若有不实之处，必遭梵天、帝释天、四大天王、日本全国大小神祇、八幡大菩萨、春日大明神、天满大自在天神、爱宕、白山权现及氏神的处罚。起请如此。

天正八年七月十七日　　　信长（花押、血手印）

（《本愿寺文书》）

与之前三月十七日的七条相比，这五条表明赦免一事并无变化，花熊、尼崎二城既已陷落，有关它们的条文也省略了。此外，退城期限由七月盂兰盆前延长到了八月十日以前。

此外，加贺本愿寺领地的归还、本愿寺与末寺之间往来的认可，与之前的誓文并无二致。

不过，需要注意的是"保全町人"一条。这是新加的内容，是教如一方死守的重要理由。

这一条使得一直以来生活在寺内町的人们的性命和居住权利得到了保证。这是教如唯一的成果，但也是寺内町的居民和信徒所支持的本愿寺的特征，更是他坚守本愿寺信仰的证明。

显如退城之时，守城的人们的生命和居住权利并未得到明确保障。由此人们起来反对他，拥立教如，成了死守石山的巨大力量。

显如退城后，经过三个多月的死守，他们获得了信长这一条的保证。这守卫了亲鸾圣人开创的信仰，也就是坚持了站在被体制一方视作"恶人"的民众的立场。此外，民众也促使本愿寺做出改变，亲手保卫了自己的生活。

虽然失败已无可避免，但这时本愿寺受到了拷问：如何保守自身信仰的本质，如何坚持信仰的对象？积极对拷问做出回应，才让他们的信仰继续发扬光大。

从这一意义上来说，教如一方的举动站在了信仰和信仰者的立场上，值得给予积极肯定的评价。

町人的居住权利得到保证，如果从石山本愿寺的漫长历史来看这一点，可能会觉得有些微不足道；但是如果从亲鸾所创立的信仰本质来看，这一点却是何等重要啊。

十年石山本愿寺之战的终结

七月二十四日，敕使前关白近卫前久向教如送去了誓文和起请文。前面提到，信长向教如提出了誓文，近卫前久则充当担保人。

据近卫前久的起请文，八月二十日以内石山御坊交接，门迹的誓文和人质送到，即可交付信长的誓文，等等。

条件具备的话，敕使将"新门主本愿寺（教如）"和之前接受讲和的"杂贺的净土宗（显如）"同等看待。和谈过程由近卫前久担保，没有什么需要担心的。

之后近卫前久给教如递交了这样的誓文：

备忘录

一、本处"居成"之事。

一、诸末寺回归，寺领地归还。

一、各处存续、往来之事。

　　　　　　以上　　　　前久（花押）

七月二十四日

（《本愿寺文书》）

其中"居成"的意思不太清楚，根据信长的誓文来考虑，应该是指在目前的状态下进行石山的交接。

另外，下属寺院回归原住地，寺领地得到保证，本愿寺相关人员的存续和往返自由也得到了承认。

从这里也可以看出，守城的寺内町居民及坊主、信徒的生活的保证，才是此前最为悬而未决的事。

教如交出誓文和人质，和议成立了。退城比信长提出的八月十日和近卫前久所说的二十日都早，决定在八月二日进行。

根据信长一方记录的《信长公记》（卷十三），退城的过程如下。目前通行的说法是，教如一方在退城之时，向御坊和伽蓝蓄意纵火，但在《信长公记》中有与之不同的颠覆性记载。

为了确保教如撤出并接管石山寺内，近卫前久、庭田重保、劝修寺晴丰进入了石山。

此外信长一方的佐久间信盛、松井友闲，以及检查使、信长的亲随矢部家定也被派入石山。

教如一方准备迎接信长的检查，命令一齐整理，开展了大扫除；还把弓箭、火绳枪等兵器和资财整齐地排列起来，与敕使和信长的使者交接。这时，石山寺内的御坊向信长交接完毕。

八月二日，终于迎来了教如退城的日子。那天的状况在本章开始处已有引用，简单来说，当时的状况如下。

八月二日未时（午后两点左右），杂贺、淡路岛数百艘船前来迎接，以各要塞守卫者为首，大家各自依照各自的关系和所属四散，乘船离去。教如由杂贺众迎接，先退往杂贺。

于是，长达十年的本愿寺与信长之间的石山本愿寺之战终于画上了休止符。

石山本愿寺被焚的真正原因、教如断绝关系

然而，意外的状况发生了。教如退城之后，石山本愿寺被焚了。

终于时候到了，狂风吹来，火把的火星被吹散，伽蓝被烧得一干二净。三天三夜，浓烟如黑云一般。

（《信长公记》卷十三）

火把被西风吹拂，引起了火灾，众多的建筑在燃烧三天之后，全部化为灰烬。

传闻则说，教如是在放火之后才退城的。奈良兴福寺多闻院英俊说：

> 交接后，（教如一方）准备了燃料，大火经两天一夜烧到第三天，所有建筑全部烧成了灰。（《多闻院日记》）

这里说，教如一方蓄意纵火，烧毁本愿寺。另外，德川家康的家臣三河深沟的松平家忠说：

> 自己纵火烧毁本愿寺后，（教如一方）登船。（《家忠日记》）

根据松平家忠记录的传闻，为了不把寺院交给信长，教如自己纵火焚烧了本愿寺。

无论如何，这些传闻都认为是教如一方自己纵火的。但是如此竭力地想要保护石山寺内町安全的教如，真的会冒着寺内町也被火势牵连的危险在寺院纵火吗？

如果教如真的下达了这样的命令，那就是他对寺内町居民的背弃。教如也好显如也罢，都只考虑自己的性命而已，对信徒们毫不关心。如果这是他们"父子密谋"的结果的话，父子二人俨然亲手放弃了亲鸾开创的"同朋同行"的信仰本质。

幸运的是，"教如纵火说"已经依据前面所举的《信长公记》的记录予以否定，本愿寺伽蓝的被焚是因为交接后信长一方的火把造成了火灾。

信长试图毫发无损地接收本愿寺，尽力避免暴力，因而选择了敕命讲和这条路，这下他知道本愿寺烧毁的事情后，立即震怒了。

信长的怒火发泄在自五年前起就担任石山进攻总司令的佐久间信盛身上，这也是理所当然的了。

信长以"你们父子在城（天王寺）五年，无论好坏，寸功未建"为理由，列举了罪状十九条，弹劾佐久间信盛、佐久间信荣父子，将他们流放到高野山。即便如此也未能平息愤怒的信长又将佐久间信盛从高野山流放到边境熊野的山中。

另一方面，信长却没有追究教如的责任。

然而，教如来到杂贺，这让显如和如春感到诧异，他没有得到宽宥，而是被显如断绝了关系。这是因为他违背了显如的命令，执意死守石山。

虽然有人说二人断绝关系是对信长有所顾虑而采取的欺骗行为，但是教如在杂贺确实也待不下去了，彷徨于岐阜和越中的山间，一度想要投奔甲斐的武田胜赖，可见显如和教如之间的对立果真是难以缓和的，显如的愤怒并没有消解。

二人和解是在两年后，信长于本能寺去世之后。顺便提及，他们二人的和解是在天皇的"圣意"干涉之下才实现的。

十年后的文禄元年（1592）十一月，显如去世，统一了天下的丰臣秀吉让教如继承了本愿寺宗主之位。

不过，次年，教如的亲生母亲如春，拿着显如让三子准如继承的让渡文书到丰臣秀吉那里求他另立新宗主。作为父子深刻裂痕的后续，母子二人的对立也越发明显起来。

对立的原动力，是被显如派、教如派一分为二的寺院、下间家老、家臣团乃至信徒的反目。经过一年的纷争，丰臣秀吉认可准如为宗主，命令教如隐居。

但是，教如派的不满使得新本愿寺的成立迫在眉睫，这成为本愿寺分裂为东西两个寺院的主要原因。

无论如何，经历了迂回曲折的过程，石山本愿寺在信长面前屈服，长达十年的战争画上了休止符。

与此同时，中世自由民的生活也宣告终结，宗教团体处于政治势力的支配、控制之下的时代拉开了大幕。

本愿寺陷入了内部对立的境地，这最终成为其东西分裂的原因，这样，本愿寺终于接受了武家的宗教管理和身份制度。

再者，那些协助本愿寺与信长、秀吉战斗到最后一刻的信徒的一部分，被剥夺了自由的生活形态，从此成为身份制度区别对待的对象。

石山本愿寺之战可以称得上是日本中世到近世之间一场划时代的战争。

大阪城二之丸内莲如亲自题写的"南无阿弥陀佛"石碑

从极乐桥遥望大阪城天守阁的景色

年　表

年号	公历	月份	事件
永禄十一年	1568	九月	织田信长,拥奉足利义昭入京。
		十月	信长向本愿寺课税五千贯钱。本愿寺交纳了,但堺拒绝交纳。
永禄十二年	1569	一月	三好三人众进攻本圀寺的足利义昭,败退。信长使堺屈服,烧毁尼崎。
		十一月	本愿寺宗主显如宣称局外中立。
元龟元年	1570	六月	信长在姊川合战大破浅井长政、朝仓义景联军。
		七月	三好三人众进军到摄津中岛。
		八月	信长催促足利义昭出兵摄津。
		九月	石山本愿寺命令全国信徒起兵,对信长开战。信长退回京都。
		十月	赞岐筱原长房抵达摄津。
		十一月	伊势长岛信徒进攻尾张小木江城,织田信兴自杀。
		十二月	信长与浅井氏、朝仓氏达成和议。
元龟二年	1571	五月	信长进攻伊势长岛未果,撤退。氏家卜全战死。
		九月	信长火烧比叡山。
元龟三年	1572	八月	信长通过足利义昭,托武田信玄在本愿寺与信长之间调停,未果。
		九月	信长向近江金森发布乐市、乐座令,保障其经营。
		十二月	武田信玄在三方原之战大破德川家康。

石山本愿寺之战

年号	公历	月份	事件
天正元年	1573	二月	本愿寺、武田信玄、足利义昭、浅井长政、朝仓义景结盟,各地信徒叛乱。
		四月	武田信玄去世。
		七月	足利义昭起兵失败,在山城宇治槙岛城投降后被流放。室町幕府灭亡。
		八月	信长追击朝仓义景到越前,朝仓氏灭亡,浅井氏在近江小谷城灭亡。
		九月	信长再攻伊势长岛失败。
		十一月	本愿寺与信长和议(第一次)。
天正二年	1574	四月	本愿寺、三好康长、游佐长教起兵。越前信徒追击信长军,占据越前。
		六月	信长出兵伊势长岛。
		九月	长岛信徒乞和,信长不允,两万人惨遭屠杀。
天正三年	1575	八月	信长进攻越前,屠杀大量信徒;侵入加贺南二郡,并成功将其控制。
		十月	本愿寺与信长和议(第二次)。
天正四年	1576	四月	本愿寺起兵。
		五月	天王寺之战。信长为包围石山设置十处支城。上杉谦信与加贺信徒议和。
		七月	毛利水军在木津川冲大败信长军,将军粮运入石山。
天正五年	1577	二月	信长出兵纪州杂贺。
		三月	杂贺铃木孙一提交起请文,信长撤兵。
		八月	杂贺众起兵。

续表

年号	公历	月份	事件
天正六年	1578	二月	毛利辉元派兵至淡路岛。别所长治死守三木城。
		三月	上杉谦信去世。显如将纪州信徒派往淡路岛。
		四月	织田信忠进攻石山本愿寺。
		六月	信长军九鬼嘉隆以六艘铁甲船在淡轮附近海面击破杂贺水军。
		十月	荒木村重谋反,与本愿寺显如、毛利氏订立盟约。信长向本愿寺求和。
		十一月	毛利水军在木津川海口附近被信长军铁甲船击败。信长放弃和谈。
天正七年	1579	三月	信长进攻有冈(伊丹)城。
		九月	荒木村重从有冈城进入尼崎城。
		十一月	有冈城陷落。守城者被处死。
		十二月	本愿寺接到督促与信长进行和谈的正亲町天皇女房奉书。
天正八年	1580	一月	播州三木城陷落。劝修寺晴丰与安土城的信长协商。本愿寺请求武装守备队进驻大坂。下间赖廉向毛利氏请求将本愿寺搬迁至安艺,遭到拒绝。
		三月	信长向本愿寺提出和谈条件。
		闰三月	显如承诺接受敕命讲和。信长下令停战。教如拒绝和谈,表示继续抵抗。显如试图阻止教如。信长军攻下金泽御坊,控制加贺。
		四月	显如退出石山,移至纪州杂贺的鹭森,命令各地信徒不得支持教如。
		五月	教如向全国信徒请求死守石山。

石山本愿寺之战

年号	公历	月份	事件
天正八年	1580	七月	花熊城陷落。信长通过近卫前久向教如提出誓文。教如接受誓文。
		八月	教如退出石山。本愿寺被焚。信长流放佐久间信盛。显如与教如断绝关系。
天正十年	1582	六月	本能寺之变,信长去世。显如、教如和解。
天正十二年	1584	七月	丰臣秀吉命令显如将本愿寺从鹭森转移到贝塚。
天正十三年	1585	四月	丰臣秀吉进攻杂贺、根来。
		闰八月	丰臣秀吉命令本愿寺从贝塚转移到天满。
天正十九年	1591	一月	丰臣秀吉将本愿寺搬迁到京都六条。
文禄元年	1592	十一月	显如去世(五十一岁)。教如继任宗主。
文禄二年	1593	十月	教如隐居,将宗主之位让与其弟准如。
庆长七年	1602	二月	德川家康许可教如在京都七条建立本愿寺。本愿寺开始分裂为东西两派。

参考文献

参考、引用的文献除了文中提到的以外，主要有以下几种：

『石山本願寺日記』上下巻　上松寅三編纂　清文堂出版

『真宗史料集成』第二、六、七、八巻　同朋舎

『真宗全書』第五六巻　国書刊行会

『大日本仏教全書』第一三二巻　仏書刊行会

『増補・織田信長文書の研究』上下巻　奥野高広　吉川弘文館

『石山退去録』関西大学中世文学研究会編　和泉書院

『寺内町の研究』全三巻　法蔵館

『中世の風景を読む』第五巻　網野善彦、石井進編　新人物往来舎

『戦国大名論集』第一三巻　峰岸純夫編　吉川弘文館

图书在版编目（CIP）数据

石山本愿寺之战：织田信长与显如的十年战争 /
（日）武田镜村著；康昊译. -- 北京：社会科学文献出
版社，2018.7
　　ISBN 978 - 7 - 5201 - 2151 - 4

Ⅰ.①石…　Ⅱ.①武…②康…　Ⅲ.①日本 - 中世纪
史 - 战国时代（日本）　Ⅳ.①K313.34

中国版本图书馆 CIP 数据核字（2017）第 328547 号

石山本愿寺之战
——织田信长与显如的十年战争

著　　者／〔日〕武田镜村
译　　者／康　昊

出 版 人／谢寿光
项目统筹／董风云　沈　艺
责任编辑／沈　艺

出　　版／社会科学文献出版社·甲骨文工作室（010）59366551
　　　　　　地址：北京市北三环中路甲 29 号院华龙大厦　邮编：100029
　　　　　　网址：www. ssap. com. cn
发　　行／市场营销中心（010）59367081　59367018
印　　装／北京盛通印刷股份有限公司

规　　格／开本：889mm × 1194mm　1/32
　　　　　　印张：7.25　字数：132 千字
版　　次／2018 年 7 月第 1 版　2018 年 7 月第 1 次印刷
书　　号／ISBN 978 - 7 - 5201 - 2151 - 4
著作权合同
登 记 号　　／图字 01 - 2017 - 4125 号
定　　价／52.00 元